子育てに正解はない!!

家族が笑顔になる子育て

アメリカ在住
3児ママの
気張らない
子育て法

WHTチャンネル

KADOKAWA

WHTチャンネル

おかんさんのある日の様子

WHT《ワット》チャンネルを運営し、3人の子どもの母でもあるおかんさん。毎日をどのように過ごしているのか、1日のタイムスケジュールと共に紹介します。

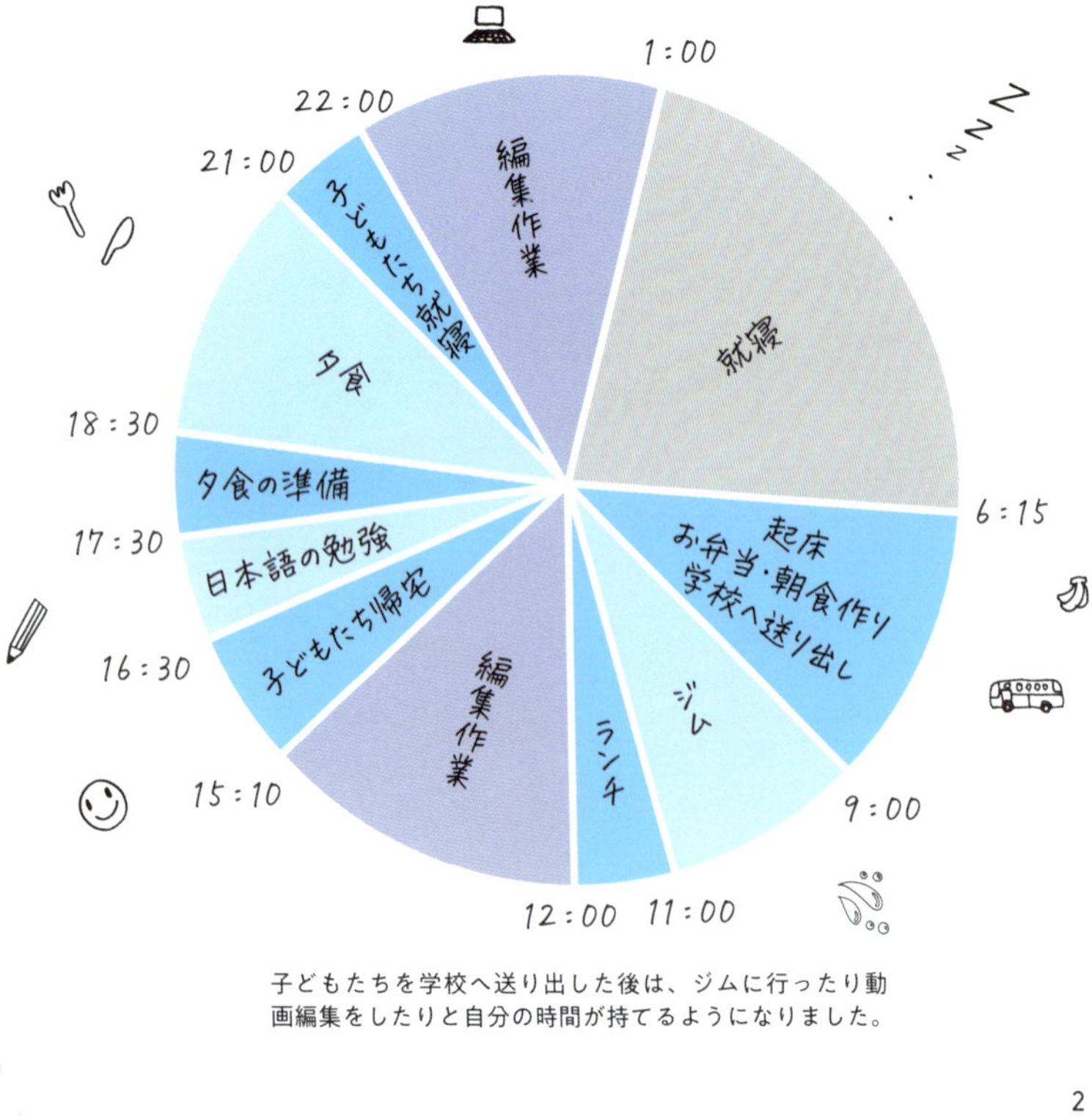

子どもたちを学校へ送り出した後は、ジムに行ったり動画編集をしたりと自分の時間が持てるようになりました。

普段の朝食はグラノーラ、ドライクランベリー、アーモンドなどナッツを入れてシリアルやヨーグルトと食べています。

6:40

6:15に起床した長女・れんが朝食。年頃ですが、朝からよく喋ってくれます。

7:10

朝食時に喋りすぎてバスに間に合うかハラハラすることも。この日もかけ足でバスに乗り込みました。

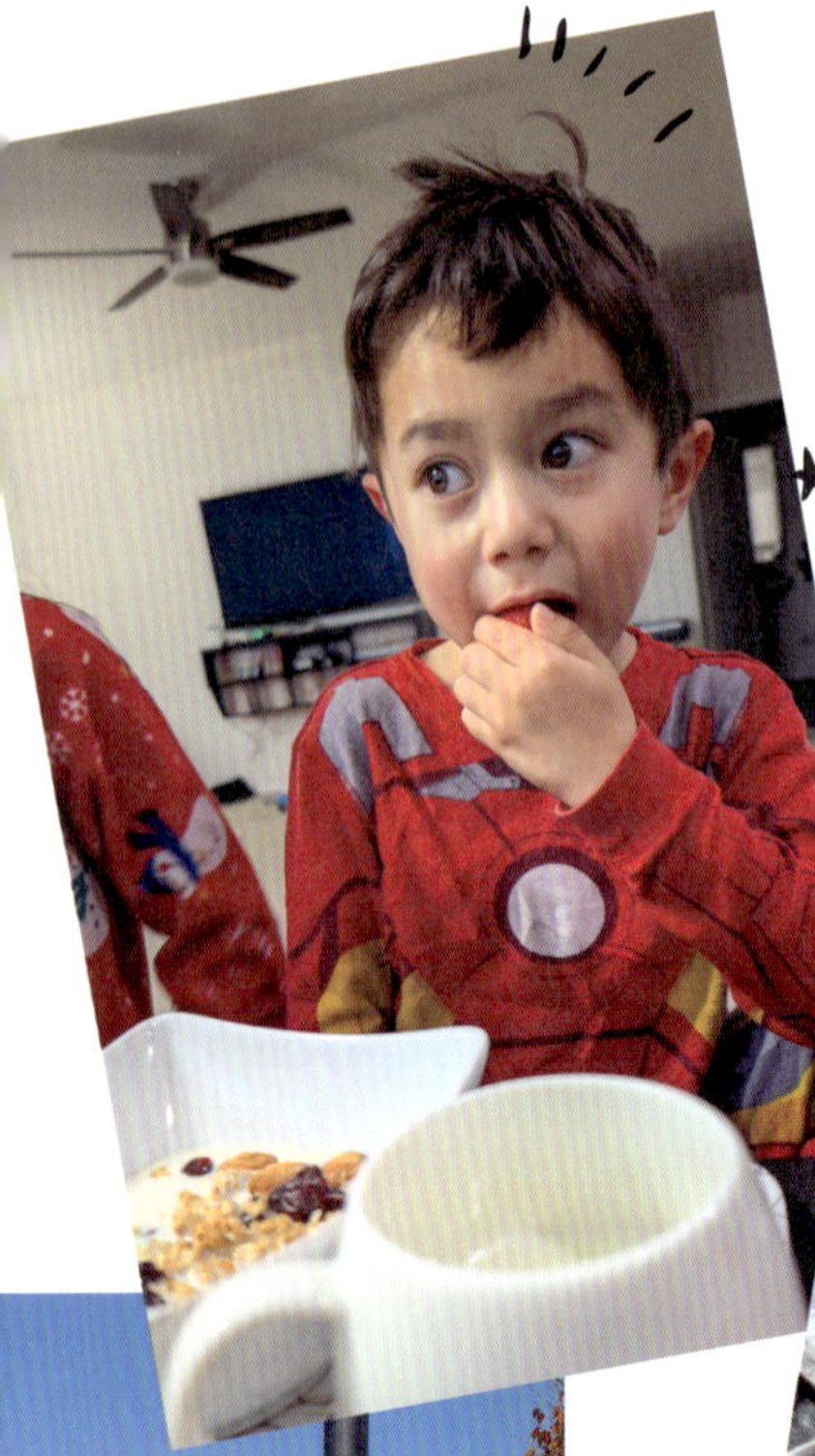

末っ子・てらは、この日の朝食が大好きなので、絶好調で食べています。

もっと寝ていたい次女・はり。朝食を食べるまでいつも大体不機嫌です。

2人が食べている横で私は化粧中。だんだんと化けていくさまを見てくれています。

てらはバスに乗るのが大好き。いつも列の先頭で待っていたいタイプです。

この日、学校がパジャマデーだったはりは、よそいきパジャマとロトのヘアバンドをつけて勇者の気分で登校。

2人がバスに乗り、見送るとホッとします。先日、見送った後で「はりちゃんが登校していません」と学校からメールが来て、慌てて学校に電話をしたということがありました。結局は学校の手違いだったのですが、真っ青になりました。

ピラティスのようなbody sculpというクラスへ。おとんさんと一緒に行ったこともありますが、結構キツいクラスなので彼はもうこのクラスには戻ってこないでしょうね（笑）。

ジムに着いたらまずはサウナでゆっくり。顔見知りが同じ時間にサウナに集うので、私の数少ない英会話の場所として会話も弾みます。

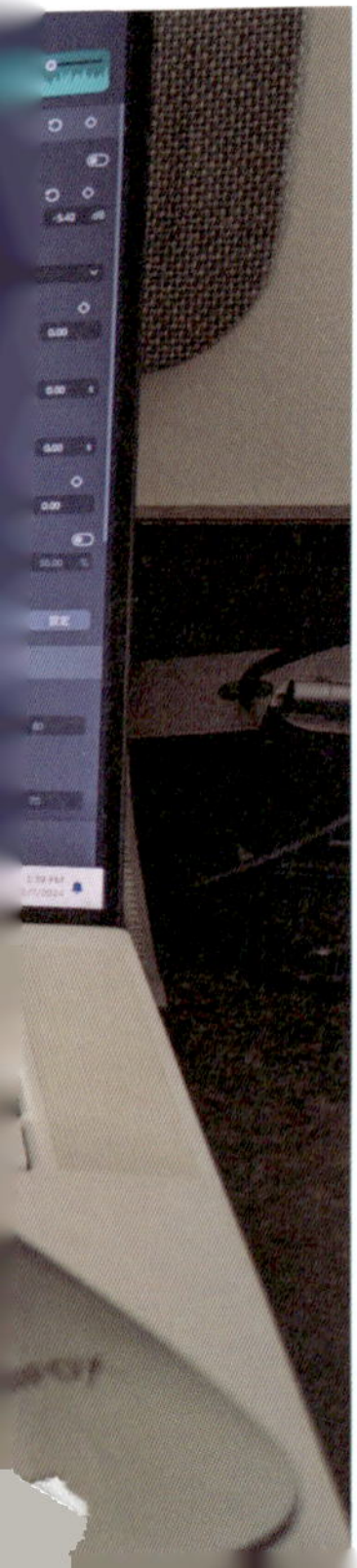

サイクリングクラスには週２回ほど参加していて、私にとっては前菜のようなもの。他の人も同じ感じのようで、この後、筋トレに行く人をよく見かけます。

昼食はオートミール粥。洗いものを増やしたくないので鍋のまま食べています。味つけは永谷園の梅干茶づけ。

昼食後に動画の編集作業開始。このPCも使い始めて5年目になり、そろそろ買い替えたいなと思う今日この頃。マウスが薄いですよね？ 外でも編集できるように持ち運びのしやすいものを選んでいます。

15:10

Snack time

てらはバスを降りるのも一番がいいそう。最近は習ってきた英語の発音を披露してくれます。

れんが帰宅。最近れんは、帰ってくるなりお気に入りの男の子の話が始まって止まりません。

はりは基本的に学校が嫌いなので、帰ってくるとホッとするよう。でも友達は多いんです。そこが謎でもあります。

おやつはポップコーン。ポップコーンも好きですが、ガムやグミもやたらと好きです。

16:30

Study

現地校では宿題がほとんど出ないため、外では同じ年頃の子どもたちが遊んでいる声が聞こえますが、れんとはりの2人は日本語の勉強。少しかわいそうな気もしますが、早く終わったときには外に遊びに行くこともあります。

てらの邪魔が始まったー!

てらはそんな姉たちの邪魔をする担当。彼にも座って何かをさせたいのですが、言うことを聞きません（笑）。お気に入りの電車のおもちゃを机の上でみせびらかしては、脱線させる遊びに夢中。脱線したのではりが驚いています。

夕食の準備中、れんが笛の練習をしながら素敵な音色を聴かせてくれます。彼女は何かを覚えるのが得意なタイプなので、上達も早い気がします。

この日は冷蔵庫の中に何もない日でした。何もないときには常備品のツナ缶が役立ちます。

17:30

ツナ缶を使ったツナパスタが完成。ツナパスタは、好き嫌いの多いはりも食べられるメニューの一つです。

18:30、夕食の時間。偏食のてらには、おにぎりと海苔、ゆで卵を用意しました。

Good night

21:00

この日はたまたま私とてらはお揃いのパジャマです♡この写真は赤ちゃんのように見えますが、もう5歳です。

Edit

1:00

はっきり言って、夜の編集作業ははかどりませんが、形だけでもやります！

WHTファミリー History Photos

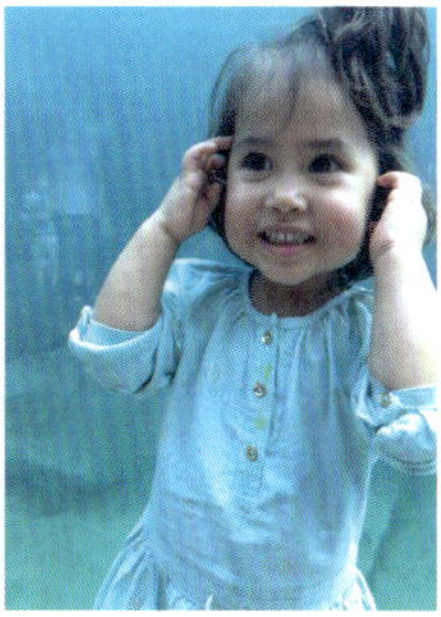

2歳頃のはり。当時は近くの動物園の年間パスを持っていたので、よく2人で行っていました。この写真はその中にある水族館で撮ったもの。

れんの2歳の誕生日。この頃はイヤイヤ期全盛期で、どう接していいのかわからなかったのを覚えています。

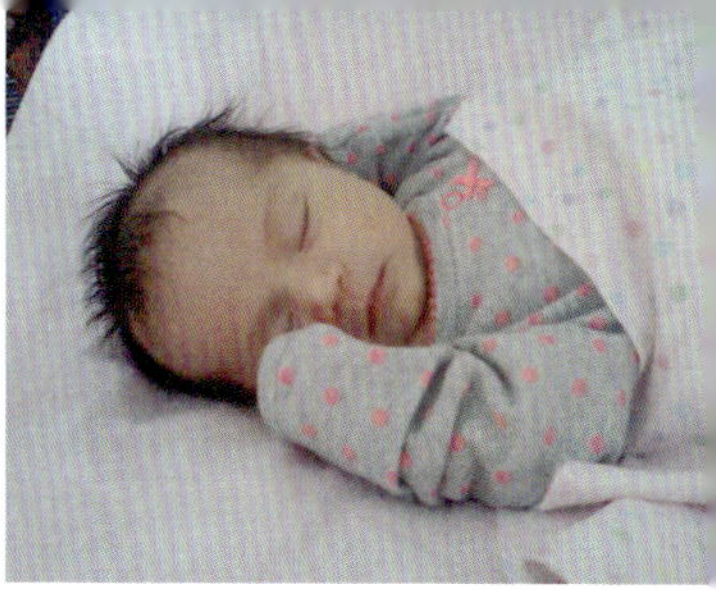

生まれたてのれん。この頃は母乳の出が悪く、彼女も痩せてしまっていました。

はりが3カ月の頃。寝るのが得意な子どもだったので、子育てがラクでした。

てらが1歳半の頃に撮影したもの。フォトグラファーさんの指示がよかった素敵な1枚。

てら生後5日くらい。この頃は起きている時間の大半を泣くことに使っていたので、でべそにもなりますね。

れん6歳、はり3歳、てら生後5日。娘たちも弟の誕生をすごく喜んでくれました。

れんとはりの2ショット。娘たちに改めてこの写真を見せたら「誰？」と言われました。面影があるようなないような1枚です。

Hello!
We are WHJ Family

WHTファミリー

Profile

おとんさん

1980年7月7日生まれ

アメリカ・インディアナ州出身。中学時代の第二外国語で日本語に触れる。当時はテストもあまりできなかったが、高校に入って日本語の成績が格段にアップ。日本学で有名な地元の大学に入学し、立命館大学に留学。アメリカの大学を卒業後、日本に戻り、立命館大学の職員として就職し、おかんさんと出会う。京都大学大学院卒。

おかんさん

1978年9月7日生まれ

日本・大阪府出身。勉強はいつも70点くらいで、あまり頑張らない子ども時代を送る。見かねた両親の勧めでアメリカ・ハワイに留学。その後ラスベガスの大学に入学し、日本に帰国して就職。日本でおとんさんと出会い、結婚を機に再びアメリカへ。子どもたちの名前の頭文字から名づけたYouTubeチャンネル「WHTチャンネル」の運営のほか、撮影・編集も行う。

れん

恋・Wren

2012年6月7日生まれ

WHTチャンネルの長女で、漫画『ワンピース』が大好きな中学生。頑張り屋さんでやる気があり、目標を達成できることがとても嬉しいタイプ。WHTチャンネルの風紀委員でもある。学校のクラブ活動ではゴルフクラブに参加している。将来の夢は英語と日本語を操るニュースのリポーター。日本食が大好き。

はり

羽莉・Hallie

2015年8月3日生まれ

3人きょうだいの次女で真ん中。現在小学校に通っている。ルールに縛られることが苦手なため、基本的に学校があまり好きではないが、とても優しい性格で友達も多い。漫画やアニメが好きで、一番好きなアニメは『鬼滅の刃』。真ん中っ子らしく、姉とも弟とも仲が良く、あまりケンカをしない。

てら

天良・Taylor

2019年5月2日生まれ

WHTチャンネルの末っ子。プレスクールを経て現在幼稚園に通っている。かなりの偏食っぷりで、動画では「これ食べなーい」と言っている姿をよく披露している。学校に通い始めてから英語力がぐんと伸び、英語で話すシーンも増えている。とても元気がよく、長女からしばしば怒られている。

CONTENTS

デザイン 宮田崇之
校正 東京出版サービスセンター
DTP G-clef、二羽愛実
編集 相馬香織
田村真義（KADOKAWA）

※1ドル＝157円（2025年1月6日現在・端数切捨て）で計算、記載しています。

はじめに

この本を手に取り、最初のページをめくってくださった皆さん、こんにちは。そして、はじめまして。

私は3人の子どもたちとアメリカ人夫とのアメリカ生活を撮影、編集し、日々子育てに奮闘しながらYouTubeで発信していますが、チャンネルではまだまだ私たちについて話せていないことが多々あります。中でも子育てについては日々視聴者さんからDMでたくさんの質問をいただくのですが、残念ながらお答えできていないのが実情です。

そんなとき、本の出版のお話をいただき、初めは「なぜ!?」と戸惑いましたが、動画でしっかりと真面目なお話をすることが絶望的に苦手な私には、ゆっくり言葉と向き合いながら本の中で自分の考えを書いていくのが一番発信しやすいと考えました。

この本ではとくに子育てについてのお話をたくさんしていますが、本を読み進める前に一つだけ理解していただきたいのは、大前提として、愛情を持って子どもを育てている家庭それぞれのやり方に、私は善も悪も存在しないと思っているという点です。誰もが子どもを不幸にするために子育てをしていないし、育て方について他人がとやかく言う必要もなく、他と育て方が違ったとしてもいいのではないかと考えています。

アメリカと日本とでは、子育てにも随分と違いがあります。寝かしつけ一つとっても違いがありますが、私の考えでは、「どちらも違っていてどちらもいい」ということ。なぜなら、子育てをする環境や赤ちゃんの性格によってもそのやり方は変わってくると思いますし、なにより子育てをしている親がラクなやり方を見つけることが一番だと思っているからです。

ただ、子育てはアップデートも必要だと思っていて、もちろん私も日々間違いや失敗を繰り返しながら子育てをしています。もし、「これはいい方法だ」と思えるやり方やアイデアがあればすぐにでも取り入れ、トライアンドエラーを繰り返していくのが子育てではないでしょうか。その繰り返しの日々を積み重ねていくことで、それぞれの子どもに合わせた子育てマニュアルができていくのだと思います。私は動物園の飼育員さんのような気持ちで、言い方は悪いかもしれませんが「各個体」の調子や様子を見ています。苦手なことや好きなこと、食べものの好き嫌いなど、子どもによってみんな違います。取り扱いマニュアルは個体によって異なりますし、成長していく過程でつねにアップデートしていきます。

子どもが3人いるなら、3人とも育て方は異なります。学校に行く前の時間の過ごし方だけでも、長女は時間配分が上手くいかないと慌て、次女は朝が弱いので、ごはんを食べるまでは話すこともなくダラダラとしていて、末っ子は朝食にバナナがないと悲しむといったように、全く違った時間の過ごし方をしているのです。

世の中には、「○歳までに○○をするべき」といった子育てマニュアルがあふれていて、日々そうした情報に踊らされてしまいがちですが、それよりも、子ども一人一人の個性と向き合い、受け入れて肯定し、その個性を育んでいけたらいいのではないかと思います。巷《ちまた》にあふれる情報よりも、自分の目の前にいる子どもたち自身が、たくさんの子育てのヒントを私に与えてくれているのです。

もちろん、そうした情報を遮断しているわけではありません。いいアイデアがあれば日々取り入れながら、個性あふれる子どもたちに、親である自分にしかできないたくさんの愛情を注いであげたいと思っています。

この本が少しでも子育てのヒントになれたら嬉しいです。

第1章

家族が笑顔になる

WHTチャンネルの子育ての流儀

YouTubeチャンネル「WHTチャンネル」は
自由でのびのびとした子どもたちの姿をお届けしています。
チャンネルの運営者であり3児の母でもある私、「おかんさん」が
WHTチャンネルの子育ての秘訣を紹介したいと思います。

WHTチャンネルの個性あふれる3人の子どもたち

現在、うちの子たちはそれぞれ12歳、9歳、5歳になりますが、子どもたちがどんな子たちなのかをお話ししたいと思います。

長女のれんは、責任感があり、とても長女らしい子どもです。誰に習ったわけでもなく、新学期になると「うちの妹がお世話になっております」と、次女・はりの先生にも挨拶しに行っています。しっかりしているなと思う半面、私たち夫婦はそんなしっかり者ではなく、2人とも3人きょうだいですが、私が真ん中、夫が末っ子のため、れんの「長女らしさ」に驚き、「この子は一体誰に似たんだろうな」と不思議でなりません。

学校が大好きで、学校が始まる前から「学校に行きたくてうずうずしてきたな！」なんて言うんです。さらに、家に帰ってきたらスマートフォンでゲームをやっていたので、何のゲームをやっているのかを尋ねてみたら、「学校に行くゲームをしているよ」と……（笑）。お昼だからごはんを食べているとか、授業を受けているとか、ゲームの中でもずっと学校におるやん！と思いました。友達も好きなんですが、点数をつけられるのも好きみたいで、学校ではある点数以上をとるとアッパークラスに入れるのですが、先日さらにその上のクラスがあることを知り、そっちに入りたいとやる気になっていました。学校に行くために生まれてきた子なんやなと思っています。

次女のはりは、まさにれんの対極のような子です。よく周りからは、「れんちゃんとはりちゃんを足して2で割ったらちょうどいいね」と言われますし、もしそうなったら私としては取り扱いがとてもラクになると思うのです。しかしそれは私の欲であって、彼らは個々の人間ですから「それは違うんじゃないか」と自分に言い聞かせ、今ではそれぞれの性格や人格を尊重したいと思うようになりました。

はりはのんびりしていて、頑張ることを頑張らない、そしてとても優しい子です。周りにも優しく、自分にも優しくて、植物みたいな子やなって思います。末っ子のでらがまだやんちゃなので、れんによく怒られたりケンカをしたりしていますが、はりはてらにも優しいので、あまりケンカをしませんね。ただ、ルールに縛られるのが苦手なので、学校もあまり好きではないようですが、新学期が始まってからは楽しそうに通っています。学校が嫌いと言っても、システムやルールが嫌いなだけで、性格的に友人関係や人間関係はとても良好のようです。

　末っ子のてらは、まだどんな性格なのかがわからない年齢ですが、姉たちと比べるとすごく扱いにくい子どもだなと思います（笑）。彼が第3子で本当に良かったです。もし第1子だったら、親の私たちも、こんなに心の余裕を持って接することができなかったと思います。嫌なことがあったら大きい声を出すので、家でやる分にはいいのですが、公共の場でそれをされると周りに迷惑をかけてしまうので、機嫌を損ねないようにするというのが取り扱いポイントです。まだ日本語も英語もそこまで上手ではないので、コミュニケーションもまだまだこれからなのですが、幼稚園に通い始めたのでこれからいろいろと成長していくのかなと思っています。

子によって異なる成長具合 きょうだいであっても同じ子育ては通用しない

れんは勉強でもスポーツでも頑張ることが好きなのですが、ルールに厳しすぎるところがあって、これと決めたことには妹も弟も従わなくてはならず、2人は少し辛そうなときがあります。はりはお肉があまり好きではなく、食べるのも嫌になってきたようで、ある日突然「私はベジタリアンになる！」と言い出したことがありました。そのときは、「あなたはまだ子どもだから、今は決めなくてもいいんじゃないですか？」と答えましたが、突拍子もないことを言うなと思いましたね。てらは英語でも日本語でもまだ会話が不安定なので、幼稚園では英語支援クラスに入っています。アメリカには移民の子どもも多いため、学校にこのようなクラスがあり、れんも幼稚園の頃にお世話になっていましたが、はりは入りませんでした。

同じ親から生まれた姉弟でも、こんな風に個性もバラバラですし、成長過程もバラバラなので、子どもを型にはめるような子育てはしないようにしようと心がけています。この年齢のときにれんができていたからといって、必ずしも同じ時期にはりができるわ

けではありません。「この年齢ならできて当たり前」と思ってしまうと、親も子どもも

お互いにストレスを感じてしまいます。子育て本の煽り文に「○○をするのは3歳で決

まる！」というような文言が書かれていたりしますが、それを鵜呑みにして子どもに押

し付けてしまうと、結局それは子どもを型にはめてしまうことになると思うんです。そ

の子にはその子の成長速度や育ち方があります。「あの子ができたからこの子もできる

はずだ」と押し付けるのが、果たしてその子のためになるのかどうかは、我が子を一番

近くで見ている親だからこそ、よくわかるはずです。子育てをフォーマット化し、上の

子ができたからと下の子も同じように育てる必要はない。私はそう思っています。

　それによって例えば、「私が同じ頃にはできていたのに、なんでこの子にはやらせ

ないの？」と子どもたちが疑問や不満を抱いたりしないように、よく言い聞かせてい

ます。とくに、長女のれんは「なんでそんなに助けるの？」と、私たちが妹や弟を手

助けすることに対して不満を口にすることがありました。だからこそ「あなたはでき

ても、この子はあなたと同じようにはできない。だから私はここでこの子を助けるけ

どいいよね？」と話し、了解を得るようにしました。すると、れんもだんだんと理解

し、今ではあまり不満を言わなくなりました。

長女には燃料投下、次女にはそっと寄り添う
その子に合わせたやる気の起こさせ方

では、その子に合わせた子育てをどのように行っているのか。私たち家族の例をお話しします。れんは闘争心のある子どもなので、彼女は多少のストレスを力に変えて進んでいくタイプ。「ここまでできるようになると、その先こんなこともできるみたいやで」と煽るとさらにモチベーションが上がって頑張る子なので、目標を設定させてどんどんやる気が起きるようにしています。自分からどんどん頑張ってくれるので、親としては、やる気の炎を絶やさないようにしながら、一番の理解者、応援団でありたいと思っています。

一方、はりには決して同じようにはしません。はりにそれをしてしまうと、もっとやる気がなくなってしまうのです。だから、のんびりとお茶を飲みながら「気が向いたらあの山でも登ってみましょうか？」と寄り添いながら一緒に進んでいく。そうしないとダメなんだと、最近になってようやくわかりました。

てらに関してはまだ幼いこともあり、何かをやらせようとしても私たちの言うこと

を全く聞きません。「そろそろ座って、あいうえおを見てみましょうか？」と声をかけたところで、じっと座っていられませんよね。ワーっとどこかに行ってしまって、自分の好きな車で遊んでいたり（笑）。最近、ＹｏｕＴｕｂｅで今のてらと同じ年齢のはりの動画を観返したのですが、はりはしっかりとコミュニケーションが取れていて、私たちの言うことも聞き、自分の言いたいこともちゃんと言えていました。姉と弟でもここまで違うものなのかと改めて驚き、本当に面白いものだなと思いました。

一度失敗したからこそわかる親がさせたい習い事は長続きしない

私たち夫婦の間では、子育てにおけるルールや決めごとなどは何もなく、私が思うに、私のやり方に夫が合わせてくれているのではないかと思います。子どもたちの習い事に関しては、ゴルフやスイミング、アートなど習い事に通わせることへの決定権は私が持っていて、それに対して夫は反対したりもしません。

スイミングやアートは子どもたちが習いたいと言ったもので、やってみたいと言うことはできるだけやらせたいと思っています。ゴルフについては、私が少しゴルフをしていた経験があって、いつか家族5人で回りたいという夢があるのです。アメリカはゴルフの敷居が低く、そこらじゅうにゴルフ場がありますし、日本よりも安い値段でコースを回ることができます。

幸いなことに、子どもたちもゴルフに興味を持ってくれているのですが、習い事はどうしても親のエゴが出てしまいがちですよね。かつて、子どもたちに「ダンスをしませんか？」と言って、れんを通わせたことがありますが、周りの子が踊っている中で彼女は一人棒立ちしていました。それ以来、誰もダンスを習ってくれません（笑）。私はダンスができないので、踊れたらかっこいいだろうなと思って習わせてみたのですが、完全にエゴでしかありませんでした。自分が興味のないことは長続きしませんし、いくら言ってもやってはくれません。

子育てのルールは決めていないと言いましたが、子どもたちの日本語については別問題。そこは夫婦間でしっかりと話し合って決めました。

まずは、アメリカに住んでいるので家の中では日本語で話すこと。夫も日本語ができるので、できるだけ日本語で話し、日本語を話す環境づくりをしました。もし日本に住んでいたら、きっと家の中では英語で話していたと思います。

それから平日は毎日、日本語の勉強を1時間必ずやること。私たちが住む地域にある日本人学校（補習校）は毎週土曜日に授業を行うのですが、そこに通い始めてから毎日1時間は必ず勉強するようになりました。というのも、日本人学校からたくさんの宿題が出るので、せめて毎日1時間は宿題をやらないと終わりません。もしわからないことがあれば、私が教えるようにして日本語の勉強を習慣づけていきました。

さらに、子どもたちは日本のアニメや漫画が好きなので、漫画からもたくさんの日本語を学んでいます。とくにれんは『ワンピース』が大好きで、漫画も日本語で読んでいます。

こうしたことのおかげか、夏休みにアメリカから日本に帰っても、日本語が出てこないということはほとんどありません。むしろれんは、日本からアメリカに戻った際に「やっぱり日本語の方が話しやすいな」と言っていました。漫画でもアニメでも好きなものがあるとすぐに覚えるので、そういう文化があることがありがたいなと思います。

【バイリンガル姉妹】とある日のアメリカ生活｜プリスクールのおやつ調達！｜小学生1年生｜漢字の勉強｜ A day in the lives of two Bilingual Sisters

夫婦で意見が対立した子どもとの添い寝問題

子育てにおいて夫婦間で意見が対立したことと言えば、添い寝のことが唯一の出来事かもしれません。アメリカは子どもとの添い寝の文化がないので、生まれてすぐの赤ちゃんでも親とは部屋を分けて寝かせるのが一般的。れんが生まれたときは、アメリカ式をしなくてはと思う夫と、赤ちゃんを親と同じ部屋で寝かせる日本のやり方がいいと思う私とで対立しました。初めての子どもということもあり勝手がよくわからなかったのもありますが、部屋を分けても、結局、れんが泣くたびに夜中に何度も部屋を行き来しなくてはならなくて大変でした。

子どもの寝かしつけも「こうしなければならない」「このやり方が正しい」と決めつけてしまうことは、結局、親のエゴなのかもしれません。その子にとってどうするのが一番いいのか、どうするのが親にとってもいい方法なのかは、その子や家庭に合わせて探していくのが一番いいのではないでしょうか。れんのときには、日本のスタイルで添い寝をすることを選びましたが、そうしたことに対して夫は何も言いませんでした。しかし、アメリカ式で寝かせたいという夫の気持ちも理解できたので、「添い寝は1歳になるまでにしよう」と私から言いました。

はりに関しては、実は最近まで一人で寝ることができず、私たちのベッドで一緒に寝ていました。昔は「30分経っても一人で寝られへんやったら、私たちの部屋に来なさい」と言っていたのですが、だんだんそれも無理になってきてしまって。「さあ自分の部屋で寝ましょう」って言っても、すでに横にいるんです（笑）。でも今では自分の部屋で一人で寝られるようになり、私が「私たちと一緒に寝たいなら、ずっとここにいていいよ」と言っても自分の部屋で寝るのです。なので今となっては、無理に一人で寝かせなくて良かったんだなと思います。それもそのはず、高校生になっても一人で眠れないなんてことはないですからね。子どもは自分の部屋で一人で寝るべきと型にはめなくたって、いつかは自然と寝られるようになるんです。

てらも時々、夜中の2時頃に私たちの部屋にやってきて、昔ははりと4人で寝ることもあったのですが、面白いことに添い寝をすると、子どもたちはみんな私の方に寄ってくるのです。夫の方にはなぜか行きませんね（笑）。

小さい頃から自己肯定感を高めるために
とにかく褒めちぎるのがアメリカ流

寝かしつけだけでなく、日本とアメリカで大きく異なると感じるのは、自己肯定感の高め方。アメリカは子どもをとにかく褒めて褒めて、褒めちぎり、気分をアゲアゲにしてくれるんです。とくにうちの子が通っている小学校はそうで、ちょっとしたことでも「頑張ったね」とシールをくれるので、とにかくたくさんのシールをもらって帰ってきます。一体何をしたのかと尋ねると、「静かにしていたからシールをもらった」のだとか（笑）。ほかにもアメやキャラメルなどのお菓子ももらってきます。日本の小学校だったら、静かにしていたくらいでは褒められもしませんよね。中学校になると、少し本気を出してくるというか、一段ギアが上がった感じになるので、そんなことでは褒められなくなりますが、小学校の間は、勉強をさせることよりも、まずは褒めちぎるというのを徹底しているような気がします。そのおかげか、れんは「褒められるともっと頑張れるから褒めて！」と自分で言うくらいになりました（笑）。

褒めることが根づきすぎているせいか、以前子どもたちと一緒にスーパーマーケットに行ったときに、知らないおじさんが「この子たちはかわいいね。何か買ってあげたいから受け取って」と、5ドルずつ渡してきたことがありました。お金を渡してくるってちょっと怖いなと思って断ったんですが、「君じゃなくてこの子たちにあげたいから」と言って全然引き下がらない。あまりにも引き下がらないので、仕方なしに受け取りました。そんなことが2回ほどありましたが、アメリカってすごい国だなと思ったのを覚えています。

子どもだけでは遊びに行かせない アメリカの治安事情

褒める文化がある一方、誘拐などの物騒な事件が多いのもまたアメリカ。日本では、子どもは地域のみんなで育てようというような考えもあると思いますが、アメリカはやはり物騒なので親が子どもをしっかりと見ていないといけません。私はどうしてもその感覚が鈍いようで、スーパーマーケットでてらがフラフラっとどこかに行ってしまっても、「またどこか行ったよ。でも外には出ないから店内のどこかにはいるやろな」くらいに思っているんですが、周りの大人が慌てふためいて、「あんたの子、あっちにいたで」とすぐに教えてくれるのです。日本人とのハーフですから、顔を見れば私の子だとすぐにわかるのでしょうね。

アメリカでは、年間で結構な人数の子どもが行方不明になるようで、スマホのエリアメールのようなものにも「近くのどこどこで子どもがいなくなりました、気をつけてください」といったアラームがよく来ます。そのため、たとえ一瞬だったとしても、子どもが一人になってしまうのは怖いんだと思います。

日本では子どもにGPS機能のあるものを携帯させたり、Apple社のAirTagのようなものを持たせている親が多いと聞きました。日本の場合、学校も子どもだけで行きますし、子どもだけで買い物に行ったり、友達の家に遊びに行ったりもするので、日本に行くとそういうものが必要だなと感じます。アメリカの場合は、そもそも子どもが一人で行動する機会がありません。スクールバスで学校に行き、帰りも決まった時間のバスに乗って帰ってきます。子どもだけで友人の家に行くこともありませんし、買い物に出かけることもありません。もちろんGPSをつけている親もいると思いますが、全体で見たらそうした人は少ないと思います。

日本の、とくに都会の子どもは、自分で電車やバスなど公共交通機関に乗って通学したり、塾に行ったりしていて本当にすごいと思います。友達と一緒に子どもだけで近くのコンビニエンスストアやスーパーに買い物に行くというのも、アメリカでは考えられません。日本に帰った際、そこまで土地勘がないのに子どもだけで遊びに行くというので、とても心配したんですが、子どもたちはそれがとても楽しかったようです。しかし、そういうことができる国というのは、実は世界でも少ないのではないでしょうか。それだけ日本という国が平和なのだなと改めて思います。

多民族国家ゆえに早期の性教育が進まないアメリカ

もう一つ、日本とアメリカで異なるなと感じる部分は、学校での性教育への向き合い方についてです。

日本では性犯罪の問題などもあり、小さいうちから性教育をしようという流れになっていると聞きましたが、アメリカは多民族国家でさまざまな人種・宗教の人がいるために、そもそも性教育を低年齢のうちから行おうというような流れどころか、性教育を学校でしっかり行うというところにもさまざまな問題が生じているのが実情です。早いうちからしっかりと教えてほしいという親がいる一方、宗教の問題でまだ教えないでほしいという親もいるので、れんはもう中学校に通っていますが、うちの子どもたちが通っている学校では、まだしっかりと性教育を行ってはいないのではないかと思います。

性教育からは少し離れてしまうかもしれませんが、人工妊娠中絶手術に関しても複雑な事情が絡んでいることと、州によって法律が異なるため、人工妊娠中絶手術を全面的に禁止している州もあります。アメリカは面白いくらい多民族国家で、さまざまな宗教を信じている人がいますから、例えば「妊娠をしたくないなら避妊する」というのを当たり前と思う人がいれば、その人の隣人はそう思っていないかもしれない。「妊娠をしたくないなら避妊する」という考えはその人の考えなだけであって、別の人も同じとは限らないのですよね。だから性教育に関しても教えてほしい親もいれば、教えてほしくない親がいるのも当たり前。教えた方がいいなと感じることがあれば、私がある程度教えるようにしています。

日本では今、『だいじだいじどーこだ？』という本が売れているそうですが、アメリカでもプライベートゾーンについては小さい頃からしっかりと教えています。私も娘にも息子にも性別関係なく、「プライベートゾーンを見せていいのは担当医の先生だけよ」と言っているのですが、このような個人の大切なものを守るという教えについては、宗教的な性教育とは切り離して、みんなちゃんと教えている気がします。

貧困層ではドラッグが蔓延!? お金のあるなしで生活エリアが分かれている

私の考えかもしれませんが、アメリカは固定資産税で生活環境や治安のレベルが決まるところがあります。固定資産税が安いと生活環境はもちろん、治安も悪くなります。安全をお金で買っている国なのです。ミドルクラスの人たちが住んでいるエリアは比較的に安全なエリア。さらにアッパークラスの一部の人たちが住むエリア、例えばビバリーヒルズのようなところは、さらに安全が担保されていますが、普通の人ではとても家を買うことができません。固定資産税が圧倒的に高いので、お金のない人をそのエリアから排除するにはとっておきの手段でもあります。

その一方で、貧困層が暮らすエリアではドラッグが蔓延していて、妊娠しているのにドラッグを続けている人がいたりもします。私が通っているジムで知り合いから聞いた話ですが、ある人が、ドラッグをやっている親から生まれた子どもを3人とも養子に迎え入れたそうです。1人は片目が見えていない子、もう1人は発達障害がある子で、迎え入れた方はお金のある人なので、子どもたちを全員プライベートスクールに入れたということです。貧困層の中にはこうした理由で子育てもままならない親がたくさんいるのも事実です。

日本もお金持ちの子が通うような学校があったり、高級住宅街のようなエリアがあったりしますが、だからといって貧困層の住むエリアとしてはっきり区分けされていたりはしませんし、たとえあったとしてもそこがドラッグまみれの環境なんてことはほとんどないですよね。いろんな人が同じ地域に住んでいて、親の年収もさまざまな子どもたちが同じ学校に通っている。それは日本が平和で安全で、アメリカほどの格差社会ではないということなのかもしれません。そういう意味では、私たちのようなアメリカの中間層というのは、日本の一般家庭に通ずるものがあります。共働きで頑張って働きながらも、子どもをしっかりと育てている家庭が多いのが、アメリカの中間層ではないでしょうか。

ドラッグまみれの親がいる環境などを見ないで生きていけるならその方がいいでしょう。私としても、どちらかといえば今のところは、子どもたちにはアメリカのそうした部分を見せたくないなと思うのです。

自分で主張しないと病気すら気づけない？日本とは異なるアメリカの医療制度

日本には国民皆保険の制度があり、さらにはほとんどの自治体で子どもの医療費が無料だと思いますが、アメリカはそうした制度がないために病院にかかると高額な費用を請求されてしまいます。

私は日本の感覚で、子どもが風邪を引いたら病院に連れて行っていたのですが、病院に行くたびにお医者さんに「薬局にあるあの薬を飲ませてね」と言われるのです。風邪で診てもらうだけで2万円ほどの請求書が送られてくるのに、私は「そんなものなのかな？」と思って、風邪を引くたびに何度も連れて行っていました。しかしよく考えてみれば、それならわざわざ病院に行かなくても、薬局で薬を買ってくればいいですよね。はりが生まれた頃に、「あれ？もしかしてみんな風邪くらいでは病院に連れて行かないんだな」とやっと気づきました。

「風邪は3、4日くらい体がしんどいに決まっててんねんから、近くのドラッグストアの薬を飲ませておけばええねん」というのがアメリカでは普通の感覚なんです。検査するのにもお金がかかりますから、インフルエンザかどうかも別に知らなくていいんです。みんながそうしていると気づくのに時間がかかりましたが、私も今では子どもが風邪を引いたくらいでは病院に連れて行きません。

そのせいか、市販の薬の種類はアメリカの方が豊富。日本に一時帰国しているときに子どもが風邪を引いたので、家の近くの薬局に行って薬を買おうと思ったのですが、種類がそんなにないことに驚きました。アメリカは薬を売るのも商売ですから、ものすごい量の薬が薬局に並んでいるんです。風邪薬一つにしても選び放題というか、安いのから高いのまでさまざまな種類が置かれています。中には中耳炎やヘルペスなんかでも、自分でそうかなと思ったら薬局で薬を買って済ませてしまう人もいます。

うちはさすがにそういうときには病院に連れて行っていますが、アメリカの薬局の中には、リテールクリニックといって店内でプライマリケアや予防接種、簡易的な診療ができるようになっています。リテールクリニックには、ナース・プラクティショナー(Nurse Practitioner)という一定レベルの診断や治療などを行うことができる、医者と看護師の間のような資格を持った人が在籍していて、風邪やインフルエンザの診断など日常で困るような症状はそこで診てもらえるのです。それでも診療に

5、6千円はかかるので高いですよね。
国民皆保険がないので、アメリカでは個別の保険に入り、診療費などをそれでまかなうという人が多いのですが、保険の値段もさまざま。中間層が入る保険でも、保険代が高いなと感じるくらいなので、保険に入れない人もたくさんいますし、そうした人たちは病院にすら行かないのです。さらに保険に入っていてもそれを超えた金額は払わないといけないので、その費用も高額です。てらのでべその治療を紹介した動画がありますが、その手術は保険がきいて千ドル（約15万円）ほどの請求がきました。もし保険がなかったら150万円ほどになっていたようです。2、3時間で終わって帰されたような手術だったのにこの金額というのに驚きますよね。

歯医者については、私たちが入っている保険では年に2回ほどクリーニングが無料。最近、れんが歯科矯正を始めたのですが、それは50％ほどしかカバーしてくれませんでした。歯科矯正については、日本では自由診療になってしまうので高額になると聞きますが、保険でカバーされない分が日本と同じくらいの金額だと思います。

それに比べると日本の国民皆保険制度は本当に素晴らしいものだと思います。それだけでもすごいのに、子どもの医療費や薬代が無料というのにも驚きました。私も日本にいるときはそうでしたが、風邪を引いたら病院に行って医者に診てもらうことが気軽にできる。これは海外に住んでみてわかりましたが、本当にすごいことです。

さらにアメリカと日本で大きな違いだなと感じるのが、日本の病院はしっかりと原因を突きとめて、病名をきちんと言うところ。アメリカでは病名はさておき、「とりあえず薬を出すから治らなかったらまた来てね」といった感じなのです。

そのため、風邪だと思ったら実は別の病気だったということも大いにありますし、もっと自分で行動して、主張していかないと誰も助けてくれません。健康診断も日本は自治体や会社から受診のお知らせがくると思いますが、アメリカは主治医から「これとこれを受けておいてね」と言われるくらい。お金もかかるので行かない人もたくさんいます。ガンなどを患ってもある程度悪くならないと、この国では知るきっかけすらないだろうなと思います。

末っ子のアレルギーで真剣に考え始めたアメリカでの食事について

アメリカの保険制度の話をしましたが、そもそも病気になる以前に健康でいたいものですよね。そのため普段から食べ物には気を使っています。

まずは食材について。アメリカでも野菜や果物の農薬が問題になっていますが、あまり神経質にはならずに、でもオーガニックという選択肢があるのであればできるだけそちらを買うようにしています。ただ、オーガニックは値段もさまざまで、中にはかなり高額なものも。高くて買えないような値段のものはあえて選びませんが、自分が払える値段のものであれば「普通の商品じゃなくて、オーガニックにしときましょうか」という感じで選んでいます。

我が家で取り入れているオーガニック製品は、例えば牛乳や卵です。最初はそこまで気にしていなかったのですが、夫が何か恐ろしい噂《うわさ》でも聞いてきたのか「牛乳はオーガニックがいいみたいだから」と言ってきて（笑）。それからオーガニックを選ぶようにしています。

それから家での食事のこと。子どもたちはフレンチフライ（フライドポテト）が好きなのですが、家では油で揚げずにベイクドポテトにして出すようにしています。オーブンで焼けばフレンチフライと大体一緒のようなものができますしね（笑）。和食も作るのですが、実は昔、「この家には米粒がいっぱい落ちている！」と夫に言われてケンカをしたことがありまして……（笑）。そのときは「一体誰と結婚したと思っているんだ！」と一蹴しましたが、それ以来、お米が続くと夫に悪いかなと思って、パスタにしたりパンにしたりもしています。

子どもたちは和食も好きですし、出されたものはしっかりと食べてくれます（てらは偏食なので、食べてくれませんが……）。ただ好きなものがバラバラなので、例えば、月曜日はれんの好きなものを出したから、火曜日ははりの好きなもの、といったように特定の子の好きなものばかりにならないように作るのが大変です。

そして一番気を使わないといけないのが、てらのアレルギーのことです。大体1歳くらいで少しずつナッツを食べさせましょうと言われているのですが、あげ始めたら少しずつ症状が出始めました。私はアレルギーのことをあまり真剣に考えていなかったので、最初はそこまでたいしたことではないと思っていたんですが、病院の医師に、アレルギー専門病院に行って調べてもらった方がいいと言われてしまったのです。専門病院ではアレルギーチャレンジといって、クラッカーに1gのピーナッツバターをつけて食べさせる検査をしたのですが、1gで症状が出たので検査はそこで終了。結構なアレルギーがあると言われました。

かわいそうなことに、ピーナッツバターのパンと言ったらアメリカでは国民食のようなものなのです。でも不思議なことにアーモンドは大丈夫なので、アーモンドバターのパンであれば食べることができます。

娘たちにはそういったアレルギーがなかったので、同じ姉弟でもこんなに違うのかと驚きましたし、何が理由でアレルギーのある子が生まれてくるのかもわからないですよね。ただ、アレルギーのある子というのは、アナフィラキシーの症状が出てしまうと一瞬で命の危険にさらされるということを知り、それからアレルギーと真剣に向き合うようになりました。

てらのアレルギーがわかってからは、幼稚園には必要な書類を提出してエピペンも置いてもらっていますし、ランチのときにはみんなでカフェテリアでテーブルを囲んで食べているんですが、席をセパレートしてもらうようにお願いしています。食べていいもの、食べてはいけないものを彼にもよく言い聞かせていますし、フードシェアリングもダメだよと言ってはいますが、まだ幼いのでわからないことも多いと思います。アメリカではナッツアレルギーの子が少なくないようで、学校ではアレルギーへの配慮がかなりされています。そのため、先生たちにもお願いをし、さまざまなケアをしてもらっています。

アメリカの寛容さで気づいた「自分の常識＝周りの常識」ではないということ

食べ物の話で思い出すのが、ある日、アメリカの100円均一ショップのようなところに行ったときのこと。おそらく生後6カ月程度の子どもにチョコレート菓子をあげているお母さんがいたのですが、それを見たときにこの国はすごいところだなと改めて感じたのを覚えています。そしてまた、今まで自分の常識は周りの常識だと思っていたことが、実はそうではないのだと感じた瞬間でもありました。

ほかにも日本では常識だと思っていたことがアメリカでは常識ではないと感じることがあって、それは食べ物の好き嫌いに対しての親の反応について。

よく言えば「好き嫌いを尊重している」のですが、嫌いな食べ物を食べなくても親からも学校の先生からも何も言われることがないのです。娘たちが通っている学校でも、嫌いな食べ物をどんどん捨てている子が多いそうです。3ドルくらいで売られているランチパックのようなものがあるのですが、それに入っている野菜をほとんど捨てている子がいるそうで、すごいなと驚くばかりです。

私は親から「食べ物を粗末にしないように」と言われて育ちましたし、娘たちにも食べなさいと言うようにしていますが、アメリカでは嫌いなものを残しても何も言われないのが常識なのでしょうね。好き嫌いが理解されているというか、「嫌いだったら仕方ないね」で終わってしまうというか（笑）。昔、娘があまり食べ物を食べない時期があって、食べても甘いものばかりだったので、病院の先生に相談したことがあるのですが、そのときも「とりあえず牛乳を飲ませておけば大丈夫だから！」と言われたことがありました（笑）。それを言われて驚きましたが、食べないことに不安になっていたので、なんだか少しホッとしましたね。

日本では芋掘りに行ってみたり、自然観察に行ってみたり、農業体験などに参加したりと、自然や農業、食などに関して、小さいうちから学ぶ機会がたくさんあると思いますが、アメリカではまだ一般的にそうしたことが広がっていないというか、考え方自体がないに等しいように思います。日本でも食糧廃棄量が多いことが問題となり、フードロスについて話題になったりしていましたが、アメリカではそんな風に学校でも嫌いなものをどんどん捨ててしまっているくらいなので、食品の廃棄量も日本とは比べものにならないかもしれません。

少し話が変わりますが、好き嫌いに関しても個の意見が尊重されるくらいなので、アメリカはとても自由で寛大な国です。嫌いなものを残しても怒られませんし、日本では鉛筆の持ち方一つでも細かく言われることがありますが、アメリカではそんなことを誰も気にしていません。

日本では漢字の書き順も細かく習いますが、アメリカではそうしたことも細かく言われることがないのです。多少、英語のスペルがめちゃくちゃでも、とくに小学校では先生たちが直させたりはしません。時々、はりが漢字をものすごい書き順で書いていることがあるのですが、彼女はアメリカで育っていますし、書き順を正しく書きなさいと細かく言ったところで、やる気を失わせては意味がないので、正しく書けなくてもいいのかなと思ったりもします。ただ、正しい日本語や日本の文化として、日本では書き順をすごく気にするし、こうやって書くのが正しいんだよということは、きちんと伝えるようにしています。

寄付文化が根づくアメリカでは公立学校の先生にまで寄付をする

日本の公立学校ではあまりないと思いますが、アメリカの学校では寄付文化が根づいています。クラブに入っても、会費のような感じで現金を払うことはなく、Tシャツやグッズを購入し、その売上がクラブのお金として寄付になるという仕組みです。それはクラブだけではありません。学校からギフトカタログが配られ、その中から花やお菓子を買うと寄付になるので、みんなたくさん買ってあげるのです。

先生のお給料もあまり良くないらしく、期末になると先生にギフトカードをあげたりします。れんが小さい頃は、例えば○○先生はスターバックス コーヒーが好きですよといった情報を人づてに聞いて、そのギフトカードを用意したりしましたが、最近はそういう情報もメールで届くので、用意しやすくなり助かっています。

実は日本でちょっとした失敗談がありまして、一時帰国をした際に子どもたちは日本の学校に通っているのですが、アメリカに戻るときに日本の先生にもありがとうのメッセージとともにアマゾンのギフトカードを贈ったことがありました。しかし、先生から電話がかかってきまして、丁重にお断りをされ、返されてしまいました。公立学校の先生は公務員ですから、そのような金品は受け取らないのですよね。

アメリカで子どもたちが通っている学校も公立学校なので、先生たちは公務員なのですが、アメリカでは公務員の副業が認められています。お給料が少ないために、夏休みの間などはレストランのウェイトレスやスーパーのレジなどの副業をして収入を補わなければ生活ができないようなのです。なので、先生たちに対してそうしたギフトカードをあげることももらうことも、認められているのかもしれません。家庭によって寄付額が異なるので、もしかすると先生たちの子どもへの態度が、ギフトカードの額によって差が出ていることもあるかもしれません。固定資産税で住むエリアが変わってくると前にも書きましたが、私たちが住むエリアは中間層のエリアなので、そこまで大きな額のギフトカードを渡している人はいないと思いますが、お金持ちの住むエリアはおそらく桁が異なるのではないでしょうか。先生たちもそこで働きたいようで、最終的に目指すところはお金持ちエリアの学校なのだそうです。親の財力次第では学校のルールさえも変えてしまうと聞きますから、ギフトカードの額で先生たちも差をつけてしまうのでしょうね。

学校で使う教科書や文房具はみんなで用意してシェアして使う

アメリカの学校や先生への寄付について書きましたが、寄付文化でもう一つあげるとすると、学校で使う鉛筆やノートといった基本的な道具もボランティアで提供されるものをもらい、それを学校に持っていってみんなでシェアして使うこと。これは日本の学校にはない制度だと思います。

基本的にアメリカの学校は、勉強で使う備品を自分で用意して自分で使うというのではなく、学校でシェアして使うようになっていて、新学期に向けて、例えば鉛筆10本、ノート5冊を持ってきてくださいというお知らせを受けます。以前、YouTubeチャンネルの動画でも上げましたが、地域の方がそうした備品を用意してくれていて、それら一式を新学期が始まる前にもらいにいくのです。それでも足りないものは購入して用意するようにしています。

学校にそれらを持っていくと、「ここに置いてください」と言われて置くだけで、誰が何を何個持ってきているかのチェックを全くしません。例えば、お金がないから用意できなかった家庭があったとしても、チェックをしないので誰が何を持ってきたかはわからないようになっているのです。最近気づいたのですが、実はそれは差別を避けるための方法でもあって、ある意味とてもいいことなのかもしれません。家庭の事情があって持ち物を持ってこられなかったとしても、それを理由に誰かを責めたり、いじめになったりということにもなりませんよね。ティッシュを5箱持ってくるようにと書かれていたら、5箱持ってくる子もいれば持ってこない子もいるし、さらには5箱以上持ってくる子もいる。なんでも平等にする必要はなく、できる人ができることをやればいいというボランティア精神が根づいているんだなと改めて感心しました。

日本は自分の持ち物として用意をするので、持ち物一つ一つに名前を書いたりして準備も大変ですよね。教科書も自分のものとして使うので、授業中に勉強そっちのけで落書きなんかをしてしまったり（笑）。アメリカの場合、小学校はあまり教科書自体を使わないのですが、使うときには学校に山積みになっている教科書をみんなでシェアして使うため、落書きなんてできないのです。

文房具に関しては、自分で持参するという子もいます。れんの場合は日本の文房具が大好きなので、彼女のようにこだわりがある子は自分のものを使っています。

あまり語ってこなかった
おかんさんの英語とアメリカとの出会い

ここまでは、アメリカと日本を比較しての子育ての話をさせていただきましたが、少し私自身についての話もさせていただければと思います。

まず、よく視聴者さんから質問でいただくアメリカに行くきっかけや英語の勉強を始めたことについて。これらは繋がっている部分でもあるのですが、高校卒業後は大学に行くつもりだったので、親に進路について相談したことがありました。私は小さい頃から勉強ができるタイプではなかったし、何か光るものがあったわけではなかったので、親から「たいした大学にいけないんだったら留学しなさい」と言われて、そこから海外に行くという選択肢が生まれました。それまで海外や英語に全く興味がなかったのですが、勉強をして、まずはハワイ州のハワイ島に語学留学しました。

親は半年もすれば帰ってくるだろうと思っていたようなのですが、半年ぐらい経つと英会話にも少し自信がついてきたし、アメリカ本土に行ってみたいと思うようになり、TOEFLを受けてラスベガスの短期大学に入学。短期大学を3年で卒業し、当時は卒業後に1年間の就労ビザが下りたので働いて、その後、四年制大学の三年生に編入しました。編入して1年くらい過ぎた頃、すでに25歳になっていた私は「きちんと就職もしないで親のお金で学生をしていて、一体、何をやっているんだろう」と思うようになりました。ちょうど学生ビザの更新が必要なタイミングでもあったので、日本に戻ることを決意したのです。

帰国後は実家に戻り、関西空港のトランジットエリアにある宿泊所の受付をしていました。利用者はほぼ外国人で英語を使う仕事でしたし、訳ありの利用者もいて面白かったのですが、大学で専攻していたメディアアートに関わる仕事がしたいと思い、輸入建材の商社に転職。そこでは英語を使って輸入の仕事をしたり、自社のウェブサイトを作ったりしていました。その頃、当時流行っていた「フレンドスター（2015年サービス終了）」というSNSで英語を話す友人を探していたのですが、それを通じて夫と知り合い、お付き合いをすることになりました。立命館大学で職員をしていた彼は、京都大学大学院を卒業し、その後アメリカに帰るということで結婚することに。夫の地元のインディアナ州で暮らし、そこでれんとはりが生まれました。その後、夫が転職することになってオハイオ州に引っ越し、現在に至っているのです。

日本語を使うきっかけになればと子どもたちと始めたYouTube

YouTubeを始めたきっかけはなんですか？と質問をいただくことも多いのですが、その辺りをここでは詳しく書いていこうと思います。

元々YouTubeをやってみたいなと思ってはいたのですが、もしやるとしてもVlogのような感じで、顔出しはしないけれど、おしゃれな海外生活みたいなものを発信する動画を自分だけでやろうか、なんて思っていました。ただ、てらが6カ月になった頃、そろそろ働きたいなと思うようになったものの、外に働きに出るにはまだ小さかったので、家でできることを探しているうちに、そうだYouTubeなら家でできるかもと考えたのです。当時、娘たちもよく観ているYouTubeがあったり、動画のオープニングの真似事をしたりしていたので、一人でやるよりも子どもたちと一緒にやったら面白いかもと思い、娘たちにも相談をして始めることにしたのです。

娘たちに「YouTubeをやってみようか？」と話したときは、2人は「やりたい！」とかなり前のめりでしたね。ただ、ＹｏｕＴｕｂｅをやるなら日本語でやることという条件を課しました。というのも、私たちはアメリカで暮らしているため、娘たちがどんどん英語ばかりを使うようになっていました。なので、ＹｏｕＴｕｂｅをきっかけにして日本語をもっと話すようになってくれたらいいなと思い、そのような条件を課しました。

始めた当初はそこまで再生回数もいかないだろうし、働きにも行けばいいし、お小遣いがちょっと入ればいいかなくらいに思っていました。ここまでたくさんの方に観ていただけるチャンネルになるとは思ってもいなかったのです。だんだんとたくさんの方に観ていただけるようになったことで、私もＹｏｕＴｕｂｅ一本に集中するようになりましたし、働きに行かなくてもいいかなと思うようになりました。

ただこうなってくると、外に出て社会的な繋がりや活動をしていない状態になってしまうので、このままで大丈夫かな？と自分でも心配になることもあります。とくに英語に関しては、外に出ていろんな人と話さないとどんどん下手になるし、使いものにならなくなってしまうのです。そんなこともあり、基本的に動画内でつけている英語字幕は夫に手伝ってもらっています。夫は会社勤めをしているので忙しいときもあり、時々、英語字幕がついていないのは、夫が忙しいからなのだろうなと察していただければと思います。

前にも書いた通り、私は大学時代にメディアアートの勉強をしていたことがあるので、編集に強いこだわりがあります。そのため、1本の動画を編集するのに最低でも3週間、平均で1カ月ほどの時間を要しているのです。てらが幼稚園に通うようになってからは自分の時間が少し持てるようになったので、以前よりもややスムーズに作業ができるようになりました。本当であれば、メインチャンネルの方で月に2本ほど新作の動画をアップしていきたいのですが、まだそこまでできていないのが現状です。今はこの本の出版もあるために、編集作業をする時間的余裕がないに等しいのですが、本が出版される頃には、もう少し頻繁に動画をアップしていけるといいなと思っています。

近頃、はりは「登録者数が20万人にならないかな」といつも口にしていて、今の彼女の夢や目標になっています。とても期待をしているので、親としても娘の夢をなんとか叶えてあげたいところ。そのためには、私がもっと頑張って動画を作らないといけないですね。

【過酷？！】YouTubeデビューへの道！！

今まで語ってこなかった てらを産む前に経験した流産のこと

私は実は、れんとはりを出産した後に、子どもを流産で亡くしています。今回、本を出版するにあたり話そうかどうか迷った部分ではあるのですが、子どもや子育てについての話をする上では避けて通れないことですし、また私のやっているYouTubeチャンネルの性質上、動画では触れることがないと思うので、今回お話をさせていただこうと思いました。このことは子どもたちにも話しています。

れんとはりの妊娠中は、とくに何か大きな問題もなく、無事に出産することができました。娘が2人でも十分幸せでしたが、夫が3人目を望んでいたのもあって、できればいいなと思っていたところで37歳のときに妊娠。8週目には、お腹の中の赤ちゃんの心拍を確認できていました。

10週前後のある朝、出血がありました。すでに心拍が確認できた後だったので、自分の中ではもう大丈夫だろうという思いがあったのですが、念のため病院に連絡をしたところ、「確認のために病院に来てください」と言われたのです。病院で診てもらうと、「形は確認できるけれど、心拍が確認できません」と言われました。その日はれんの誕生日でした。夏休みということもあったので、診察室には家族全員で入ったのですが、そんな悲しい宣告をされてしまったのです。

普段から子どもたちに「自分の機嫌は自分でとりなさい」と言っているのですが、その日ばかりは「ケーキを作らないかんし、おもちゃを買いに行かなあかん」と自分の機嫌をとるようにしながら一日を過ごしたのを覚えています。お腹の中の子が亡くなったことを考える余裕がないほど、誕生日を祝うことに精いっぱいで、悲しみに暮れることなく、なんとか過ごすことができました。元々私はスピリチュアルなことを信じるタイプではないのですが、その日ばかりは、「私たちが一番悲しまない日にお知らせをしに来てくれたのかな」と思いましたね。

翌日の手術を予約していたのですが、体は朝まで待つことができなかったようで、夜のうちに大量に出血し、救急車で運ばれてそのまま手術をすることになりました。麻酔から意識が戻った頃、術後のリカバリールームでぼーっとしていたのですが、あるナースさんが「泣いていいよ、泣きたいなら泣きなさい」と言ってくれて。それまであまり泣くこともなかったので、とにかく思い切りたくさん泣いたのを覚えています。

そうしているうちに執刀医の先生がやってきて、「このくらいの大きさだったよ、持って帰る?」って聞いてきたことに驚いて……。日本ではそんなこと言われないと思うのですが、「持って帰らないって言ったら失礼になるのかな?」なんて一瞬考えていたら、「病理検体に出すから持って帰らなくてもいいよ」と言われて、それでお願いしますと言いました。さっきまで泣いていたのを忘れるくらい、あっけらかんと持ち帰るかを聞かれたので、とにかく驚いてしまいました。

流産はそんな風にして終わったのですが、人間というのは欲深い生き物なのか、3人目がどうしても欲しくなるのですね。その後も妊娠検査薬では陽性になったのに、生理が来てしまったりして、なかなか妊娠ができませんでした。

それから3年ほどが経ち、はりを出産してから4年後にてらが生まれました。れんとはりは難なく生まれてきたので、自分が妊娠できないという感覚が全くなくて、子どもはこんなにもできにくいものなんだと思いました。もっと大変な思いをされている方もいて、私の経験はたいしたことではないかもしれません。でもそういった過去があったことを少しでもお伝えできればと思い、今回書かせていただきました。

子どもの前では楽しく過ごす
これが私流の自分の機嫌のとり方

普段から「自分の機嫌は自分でとりなさい」と子どもたちに言っていますが、こう言うからには私自身も自分の機嫌を自分でとらないといけません。では実際にどうやっているかというと、子どもの前ではとくに楽しく過ごすようにしています。

病院でお腹の赤ちゃんの心拍を確認できないと言われたとき、私自身は突然のことだったのであまり覚えていませんが、号泣していたようなのです。当時、れんは5歳だったのですが、お母さんが信じられないくらい大声をあげて泣いているというのが、それだけでとても悲しかったようで、すごくびっくりして心が乱れていました。お腹の中の赤ちゃんがいなくなったというのを言われてもあまりピンと来るわけもなく、お母さんが泣いていることがただただショックだったようでした。トラウマになってしまってもいけないし、母親がこんなところをあんまり見せてはいけないのだなと思い、それからは子どもの前では楽しくしていることを心がけるようになりました。もちろん私も人間ですから、その後手術をして気持ちを引きずってしまうこともありましたが、日本から母親が来てくれて、体調面だけでなく気持ちの面でもかなり助けてもらいました。

そして、その数週間後に病院から送られてきた高額の請求書を見て、どこに気持ちを持っていったらいいのかがわからなくなったのを覚えています（笑）。その請求書がきたことで腹が立って、ある意味、落ち込むことも忘れたというか、悲しい気持ちが少し紛れた感じがしました。

子どもたちの前では楽しくしているつもりでいるのですが、今では子どもたちから「いいよね、お母さんはいつもヘラヘラしていて」と言われてしまいます（笑）。でもそれでいいと思っています。自分の機嫌を自分でとれずにイライラしたり落ち込んだりして、子どもにまで伝わってしまうよりも、ヘラヘラしていると言われようが自分の機嫌を自分でとって、家族が笑顔でいられることが大切なのですから。

国を代表してケンカをしても互いに理解し、影響し合う日米家族

大阪は北よりも南の方がきつめの関西弁を話しますが、私は大阪南部の出身で子どもたちは少なからず私の影響を受けてしまっています。私が家の中で話す言葉はきつめの関西弁ですし、日本に帰ったときに通っている学校も、私の地元の学校なので、子どもたちもきつめの関西弁を話していますね。

れんは言葉だけでなく、ルールを守るところやきっちりしているところなど、日本的な考え方も性に合っているようです。アメリカでは、新学期が始まるときに各自が鉛筆を持ち寄って、学校の鉛筆ボックスに入れて共有しています。文房具だけでなく、教科書もクラスみんなの共有物なのです。自分のものではなく、みんなのものなので、取った取られたといういざこざは起きないのですが、自分の好きなものを自由に使いたいれんにとっては、アメリカのやり方は面白くないようです。

子どもたちだけでなく、夫も私の影響を少なからず受けてしまっています。彼は標準語で話したいと頑張っているようですが、少しずつ関西弁に寄ってきています。子

どもたちが私の影響を受けてしまっていることに対し、「かわいそうだぞ」と言っていますが、かわいそうなことに彼自身も影響を受けてしまっているのです（笑）。

私の影響を受けているものの、やはり彼はアメリカ人。私たちは時々、勝手に日本とアメリカを背負って小さな言い合いをすることがあります。例えばお店でおかしなことがあったときに、「日本ではこれはありえへんから！」と言うと、彼は「ここはアメリカやから」と言ったり、アメリカのパッケージはびっちり糊づけされていてなかなか開かないので、文句を言うと言い返してきたり（笑）。夫にしたら怒られている感じがするんでしょうね。そんなやりとりをしていると、れんは「アメリカのものはなかなか開かないけど、日本のものは開けやすくてすごいね」と言って持ち上げてくれます。夫が横で聞いているので気まずいのですが……（笑）。

ただ、夫はとても日本に対して理解のある人だと思います。日本文化にも理解がありますし、普通のアメリカ人では到底生活できないほど狭い私の実家でも、難なく暮らせてしまうのです。もちろん私も夫や子どもたちから影響を受けている部分もたくさんあります。今では長年暮らすアメリカの方がとても住みやすいですし、思い切りアメリカを褒めるときもいっぱいあります。

完璧なバイリンガルは簡単ではない 長女が直面している英語の壁

私たち夫婦はあまり子育てのルールを決めたり、こうしていこうという家族会議を行ったりはしていませんが、前に書いたように「アメリカで暮らしているから家の中では日本語で話す」ということのほかに、子どもたちには「日本語と英語をミックスした会話をするのはダメ」と言っています。具体的に言うと、日本語で話すなら最後まで日本語で話す、英語で話すなら最後まで英語で話す、一つのセンテンスの中で英語と日本語をミックスしないということです。どちらの言語も中途半端にならないように、話し始めた言語で最後まで話すというのを徹底させています。

ただ最近なのですが、れんにバイリンガルの副作用が出てきているなと思うことがあります。彼女は今、中学生なのですが、このくらいの年齢になると本に書かれているような難しい言葉をどんどん習うようになります。れんは今、学校の英語について行くのが大変そうなのです。

この本を書く直前まで一時帰国をしていて、その間は日本の学校に行っていたので当然かもしれませんが、日本語の方が難しい単語を知っているかもしれません。本や漫画も日本語のものを読んでいるので、そうしたものから学ぶ言葉も多いと思います。自分でも「もっとボキャブラリーを増やしていかないと、英語のクラスについていけないかもしれない」と言っているので、一緒に辞書を調べたりしながら勉強をするようにしています。もう少し英語のサポートが必要かもしれません。

一方、アメリカの学校には、できる分野をさらに伸ばすような制度があります。れんは昨年、数学と科学の成績が良かったため、アッパークラスの授業を受けています。たとえ全部の教科が満遍なくできなくたって、できるものを伸ばそうとする制度は良くできているなと思います。

2カ国語をマスターするのは本当に難しいこと。しかも、どこまでできるようになれば正解なのか、明確なものがあるわけでもありません。うちでは、勉強をするときには英和辞典と英英辞典を用意して、どっちを使ってもいいようにしています。英英辞典の方が楽であればそれでもいいし、日本語と紐づけた方がわかるなら英和辞典でもいい。どちらかが多少不自由でも、話をしてくれるならそれでいいと思っています。

怒るときは夫婦ともに日本語で感情的ではなく説明することを心がけている

子どもを叱るときのフォローの仕方というのは、子育てにおいてテーマになることが多いと思います。このような家庭は多いと思いますが、我が家の場合も、例えば母親である私が怒ったときは父親である夫が優しいといったように、子どもたちの逃げ場があった方がいいと思っています。ただうちは、夫の方が怖いので子どもたちも夫の言うことはよく聞いていますが、私が怒っていてもあまり聞いていない節があります。まるで聞き流しているラジオのような感じで、「はいはい、また何か言ってるな」という感じなのです。そもそも私は無茶苦茶怒るということがあまりなく、「早くごはんを食べなさい」など小言を言うことがほとんど。それでも昨日、はりが朝眠たいのに起こされて機嫌が悪かったのか、「学校に行かないといけないのはお母さんのせいだ」みたいに言ってきたので、それはちょっと怒りました。

怒るときは感情的にならないようにしています。はりがそんなことを言ってきたときも、「眠たくて辛いのは私のせいじゃないからね。それを私にあたるのは違うと思うよ」と言いました。頭ごなしに怒るのではなく、眠たくて辛い気持ちもわかるし、それでも学校に行かなくちゃいけないのが大変なのはわかるけど、だからといってそのストレスを私にぶつけるのはやめてください、ということをしっかりと言葉で伝えました。すると静かに黙々と準備をするようになりました。不思議なことに夫にはこうした八つ当たりをすることはありません。私やったら許してくれるという甘えが、どこかにあるのでしょうね。

国際結婚夫婦の場合、怒るときはそれぞれの母国語で怒るという家庭も多いと思いますが、うちの場合は夫も日本語で怒ります。カタコトでしか話せない場合は、やはりそれぞれの母国語で怒ることになると思いますし、もしカタコトの日本語で怒るとなると威厳も何もないかもしれません。数少ない我が家のルールとして、「アメリカに住むなら家の中は日本語にしよう」と決めたこともあり、怒るときも日本語を使ってくれていますし、日本語で怒ってもちゃんと怖いです。夫も日本語を話せるというのはとてもありがたいことだなと改めて感じますね。私の家族とも日本語で話すことができますし、何より私がずっと通訳しなくていいので助かります。もし夫が日本語を話せなかったら結婚していなかったかもしれません。

大変でも通わせてよかった
3年目となった日本の学校生活

YouTubeチャンネルの動画でも何度か上げていますが、コロナ禍を経て日本に一時帰国ができるようになってからは、アメリカの学校が夏休みの間の短い期間ですが、子どもたちを日本の学校に通わせています。普段はアメリカで暮らしていますが、せっかく日米家族として生まれたのだから、日本の学校や日本の文化を経験させてあげたいと思ったのと、その間は私の実家にお世話になっているのですが、私の両親もそれならと歓迎してくれたので通わせるようにしました。

日本の学校が初めての子どもたちでしたが、私から日本の学校について事前にあれこれと説明することはほとんどなく、「給食がすごく美味しいよ」とだけ言ったと思います（笑）。れんもはりも、それに釣られて通ってくれたようなものです。

実際に通ってみると、れんとはりの反応もさまざま。ルールなどに厳しく、課題などを出されるとそれを乗り越えるのが好きなれんは、日本の学校も性に合っているようでした。お友達もできて、アメリカに帰ってきてからも日本のお友達とLINE

でやりとりをしているようです。

一方、そもそもアメリカでも学校などのルールが苦手なはりは、日本の学校でも同じような感じで、掃除をしないで怒られたりもしていたようです。それでも休まずに行っていたので、どうしても嫌だ！ということはなかったのだと思います。日本の学校に行き始めてから3年経ちましたが、友達もたくさんできましたし、「ロブロックス」というオンラインゲームを制作できるプラットフォームがあって、最近の子たちはそれで繋がるみたいで、ＩＤを交換してバーチャルで遊んだりしていました。

日本の学校で大変だったのは、２人とも、荷物が多かったこと。それは何度も言っていました。上履きに体育館シューズにと、日本の学校はとにかく持ち物が多いですよね。靴については、「いつ履き替えるのか、タイミングも全然わからへん」と言っていましたし、大変そうにしていました。それからなぜか自由帳が好きなようでした。「自由帳っていう響きもいいわ」と言っていたくらいです（笑）。

学校生活以外では、お友達と一緒にお買い物に行ってお菓子を買ってくるというのが、とても楽しかったようです。アメリカでは、たとえ近くであっても子どもたちだけで買い物には行けませんし、車の免許を取るまでは子どもだけでどこかに行くこともできません。自分でお金を持って買い物に行けるというのは自立したような気分になるのでしょうね。れんはおばあちゃんに「納豆とおそばを買ってきてね」と頼まれて、初めてのお使いデビューもしました。おばあちゃんの言う「おそば」は中華そばのことだったのですが、れんは普通の「蕎麦」を買ってきてしまって、初めてのお使いは失敗（笑）。「どっちもそばだから、わからんわ！」と言っていましたが、本人は達成感があったようで嬉しそうにしていましたね。日本のテレビ番組には、もっと幼い子たちが初めてのお使いに行って、親御さんが感動するみたいなものがありますが、れんは12歳でしたから、私はさすがに泣きはしませんでしたけど（笑）。

いろんなことがあった日本での学校生活ですが、アメリカでは経験させられないことがたくさんできたので、通わせて本当に良かったと思っています。掃除一つにしても、アメリカではお掃除をする人がいるので自分たちでやるという経験はできませんし、日本の学校で掃除をしたおかげか、積極的に自分で掃除を始めるようになりました。それから、やはりお友達というものは財産だなと感じます。私以外で日本語を使って話せる友人がいるというのは、彼女たちにとってても学びにもなりますし、とても大切なことだと思うのです。

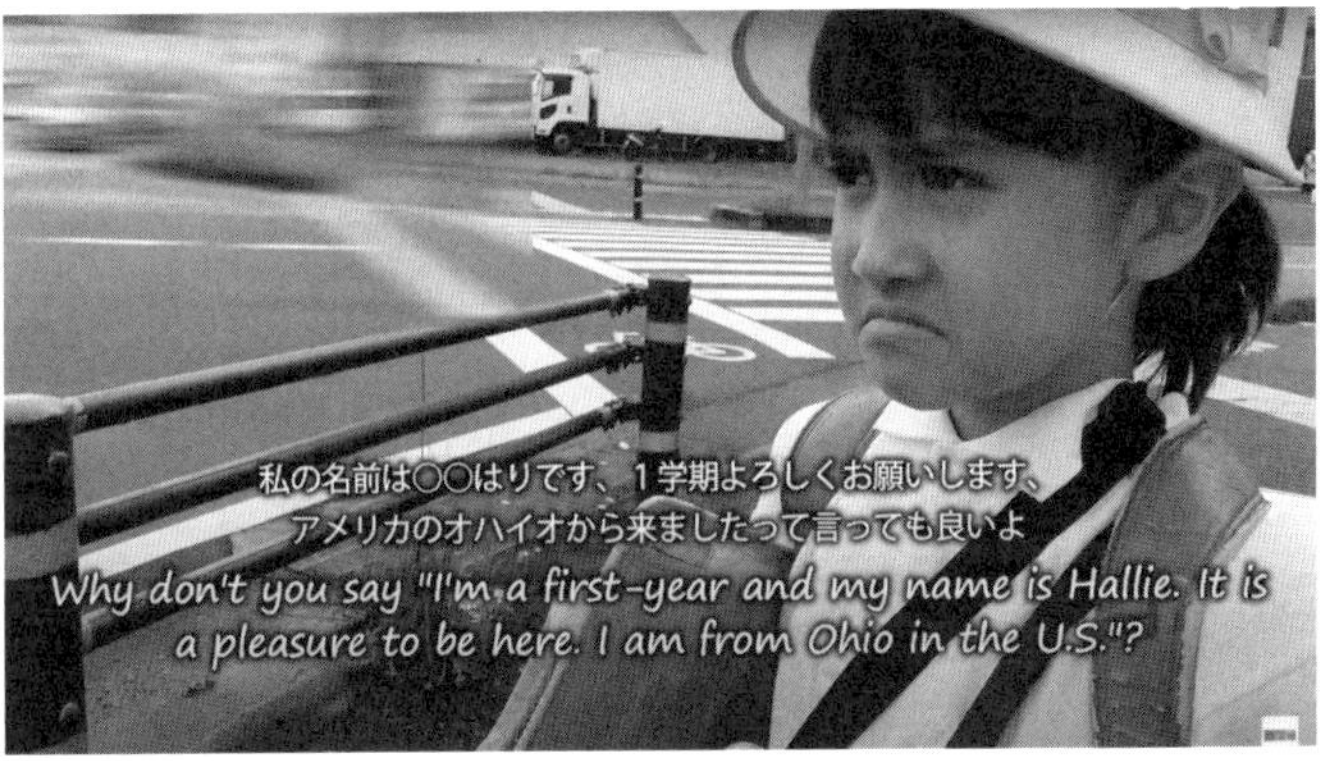

【アメリカ生まれ再び日本の小学校へ】2年目の登校初日は１１歳長女の誕生日｜Happy 11th Birthday & They Enroll into Japanese Primary School

アメリカ人でも日本人でも場面に合わせて使い分けていけばいい

日本の学校生活はとても楽しい経験だったようで、私たちも嬉しかったのですが、ただ一つだけ辛かったのは、「お友達に外国人って言われて、それが悲しいの」とはりが悩んでいたこと。「自分は日本人なのに」と言う娘に、親である私も心が痛んだのですが、それを聞いていたれんが「いいじゃん、外国人なんだから！」とあっけらかんと返していました（笑）。しかしアメリカに戻ってからも似たようなことがあり、家で日本語の勉強をしているときに、れんとはりが「アジア人と言われたりする」と言っていたのです。

子どもたちは日米のハーフである以上、どんなに英語や日本語を話そうと、見た目の問題でそう言われてしまうこともあると思います。ですが、私がいつも子どもたちに言っているのは、「あなたたちは2つのカードを持っているのだから、シチュエーションに合わせて自分はアメリカ人だ、日本人だとコロコロ変えたらいい」ということ。こういう場面では日本人って言った方が得かもしれないと思うんだったら「日本人です」って言えばいいし、今この瞬間はアメリカ人って言った方がいいんじゃないかと思ったら「アメリカ人です」って言えばいい。そうやって場面ごとに使えるカードを2つも持っているのはすごいことなんだと伝えています。れんがはりに「いいじゃん、外国人なんだから！」と言ったように、自分は何人だと決める必要はなく、何人でもいいと思うのです。

れんは上手に割り切れている方だと思いますが、はりはまだその切り替えが上手にできていないので、外国人扱いされてしまうとしゅんとしてしまうのです。外国人と言われると、「自分と同じではない」と言われているようで悲しくなってしまうはりの気持ちも十分に理解できます。これから先もアイデンティティに悩むことはたくさんあると思いますが、自分はアメリカ人だ、日本人だと要領よく使い分けていけるようになると、気がラクになると思うのです。もしいつか自分で、「私は○○人だ」と決めたくなるようなことがあれば決めればいいのであって、今は人種にとらわれず楽しく過ごしてほしいと思います。

アメリカに住んでいても
身につけさせたい日本の行儀や作法

海外暮らしをしていると、日本の常識や作法などが身につきにくい環境ではあるのですが、小さい頃から教えて良かったと思うことはお箸の持ち方です。アメリカでは、小さな豆をお皿からお皿へと移動させるミニゲームのようなことをするときにお箸を使うくらいなので、きちんと使えない人がそれだけ多いということですよね。学校でそのゲームをやると、子どもたちは「あんなもんは私が一番やった」とよく言っています（笑）。

日本人は食事の作法や行儀にうるさい人種だと思うのですが、アメリカはお箸を使えない人が多いどころか、食事の仕方がものすごく汚い人や、スプーンやフォークを山賊のような摑み方で食べている人もたくさんいます。子どもたちには、そういう食べ方をしないようにと常々言っています。

それから食べ物を残さないようにしましょうというのは、いつも言っています。前にも書いたように、アメリカでは嫌いなものはどんどん残し、捨ててしまう人が多いのと、料理の量がすごいので外ではなかなか言いにくいことでもあるのですが、家ではは残さず食べるように言っています。ご飯茶碗もきれいになるように一粒残さず食べてと言っていますが、YouTubeチャンネルを観ていただくとわかると思いますが、うちの子たちはまだまだすごい食べ方をしていて、時々視聴者さんにコメントで指摘されることもあるのが実情です。先日、日本で温泉に入ったときも、タオルをお湯の中に入れちゃいけないことや、出るときには使ったところを綺麗にして出るとか、基本的なルールを教えたのですが、はりが知らない方に「バシャバシャ入っちゃいけないよ」と教えられていたことがありました。視聴者さんのコメントもそうですが、私が口酸っぱく言うよりも、第三者の皆さんに言っていただいた方が子どもたちも「これはダメなんだ」と気づくこともたくさんあると思うので、そういうことを言っていただけるのはありがたいと思っています。

もちろん、私も親なので、教えるべきことはしっかり教えていこうと思います。れんとはりがこれから素敵なレディになっていけるように、てらが素敵な男性になっていけるように、これからも諦めずにしっかり伝えていきたいです。

YouTubeを始めたことで人見知りの娘たちに自信が芽生えた

私たちのYouTubeはどちらかというと日本の視聴者さんに向けて作っていることもあって、コメントなどを見ても、動画を観ていただいている方のほとんどが日本の方です。私たちは普段アメリカに住んでいるので普通の生活ができていますが、日本に帰って子どもたちと一緒に出かけると、ありがたいことにたくさんの方から声をかけていただくようになりました。プライバシーの問題もあるので、アメリカで普通の生活ができているのは私たちにとっていい部分でもあり、おそらく日本に住んでいたら日本向けのYouTubeチャンネルをやっていなかったと思います。しかし、人見知りの娘たちにとっては、日本で声をかけられることもいい側面があります。というのも知らない方に声をかけていただくようになってから、娘たちも人見知りをせずに知らない方たちと少しずつ話せるようになってきました。

もちろん、私たちは芸能人でもなくただの一般人なので、声をかけられ始めた頃は、どう対応すればいいのかが全くわかりませんでした。娘たちだけでなく、家族全員が人見知りなもので（笑）、話しかけられるととにかく戸惑ってばかりでしたから。でも皆さんとても優しい方たちばかりで、私たちはいつも助けられています。

しかし今でも、日本でもアメリカでもＹｏｕＴｕｂｅをやっていることを周りの人たちに大々的に公言していません。もちろん家族は知っていますし、れんは一部の友達や先生には話していて、動画を観てもらっているようですが、それでもあんまり言わないようにしています。アメリカではほとんど声をかけられることがなく、声をかけてもらうことがあっても日本語学校の方や、アメリカに住んでいる日本人の方ばかり。ただ、日本の学校ではほとんどの子どもたちが知っていたようで、それが娘たちは嬉しかったようなのです。

本人たちもＹｏｕＴｕｂｅｒなんだという自覚が芽生えてきているようで、はりが「登録者数の20万人超えを目指すんだ！」と意気込んでいたり、れんもはりも「自分のチャンネルをやってみたいな」なんて言ったりもします。まだ子どもなのでもちろんやらせませんが、「アルバイトができるような年齢になったら始めてみてもいいんじゃない？」と話しています。

そして昨年の夏には、念願だった視聴者さんたちとお会いすることもできました。

その日は、はりの誕生日だったのですが、アメリカへの帰国の日でもあったので、何もしてあげられないなと思い、ずっとやってみたいと言っていたファンの方々とのミート＆グリートをすることにしたのです。１日前に告知をしたのですが、予想をはるかに超えて１００人以上の方々が集まってくれました。プレゼントも用意していたのですが、全然足りなくなってしまって（笑）。

羽田空港で会うことにしたのですが、完全にゲリラでしたし、あれだけたくさんの方々に集まっていただけるのであれば、きちんと場所をお借りしてから行うべきだったなと、今となっては反省しています。幸い、大きな騒ぎになったり問題にはならなかったのですが、もし何かが起こってしまっていたら迷惑ＹｏｕＴｕｂｅｒになってしまうところでした。もしまた視聴者さんとお会いするような場合には、そうしたことも含めて考えないといけないなと思っています。

【5人家族アメリカ帰国】パーティーは終わらない、誕生日×長時間国際線フライト！｜The Longest Birthday of Hallie's Life

宿題をやってもやらなくても学力に違いが出るとは限らない

娘たちが通っている日本語補習校は、いわゆる日本人学校とは異なり、この学校を卒業したからといって日本国内の学校と同じ資格を得られるわけではありません。基本的には普段は現地校に通っている日本人の子どもたちが、日本の学校と同じ内容を学べるようにと設立された学校です。れんとはりはここでたくさんの宿題を出されるので、平日は毎日1時間ほどそれを使って日本語の勉強をするようにしていますが、アメリカの学校では宿題がほとんど出ないので、一時帰国した際に通っている日本の学校でもそうでしたが、宿題をこなすのが本当に大変そうです。

アメリカのとくに小学校においては、もちろん勉強も教えてはいますが、どちらかというと人格を育てたり、「君はできるよ」という自己肯定感を高めることに注力しているように感じます。牧草の生えているところで、「のびのびと自由にしていなさい」とまるで放牧されている動物であるかのように（笑）。

中学校に入ると、一気にギアチェンジしてきたなと言わんばかりに勉強モードになるのですが、日本の小学校を卒業した私からすると、小学校でももう少し勉強してもいいのにと思うこともあります。日本はしっかりと勉強を教えているからこそ、識字率が高く、子どもでもしっかりと読み書きができますよね。ただ結局、小学校であまり勉強を教えていなくても、中学校になると日本の学校と同じようなことを習っていたりするので、一体どうやって追いついているのかが謎なのです。さらには、最終的にはアメリカでも大学に行く人がいることを考えれば、小学校であまり勉強を教えようが教えまいが、宿題があろうがなかろうが、宿題をしようがしまいが、結果はあまり変わらないのかもしれません。

日本の学校はまた、全員が理解できるようになるまでしっかり教えてくれて、落ちこぼれをつくらないようにするイメージですが、アメリカはできる科目があるのであればそれを伸ばすために上のクラスに入れてくれる一方で、できない科目があったり、できない子がいても置いていかれてしまいます。一概にどちらがいいという話ではなく、どちらにもいい面と悪い面がありますが、できる子にとってはさらに上に行けるアメリカの方がいいのかもしれません。

「お姉ちゃんだから！」と姉妹の立場を強調するようなものの言い方はしない

　バイリンガルに育っている子どもたちは、ＹｏｕＴｕｂｅチャンネルに何度か動画を上げていますが、子どもたち同士で会話をするときには英語で話したり日本語で話したりしています。厳密に言えば英語にも敬語はあるのですが、一般的には敬語が存在しないため、姉妹でも英語で会話をしていると、「姉」と「妹」という関係性よりも友人同士のように感じます。

　そのため私たちは、子どもたちに「お姉ちゃんなんだから○○しない」と言ったり「妹なんだから○○はダメだよ」というような言い方はしないようにしています。お互い対等な関係を築いているところで、そういうものの言い方をしてしまうと、どちらかが負担に思ったりして関係性が変わってきてしまうかもしれません。実際、私の親がれんに対して「お姉ちゃんなんだから、なんとかしてあげなさいよ」とよく言うのですが、それは言わないでと私はいつもお願いをしています。それを言われたれんにとっては、「お姉ちゃん」の荷が重すぎるのでないか？と思うのです。

ただ不思議なことに、はりがれんに対して英語で会話をしているときは友達同士のような対等な感じがするのに、日本語になるとずいぶんと妹っぽい口調に変わるのです（笑）。性格が変わるわけではないのですが、そう聞こえるのは面白いですよね。

口調が変わるといえば、私の中で決めているルールがあって、それは英語と日本語で別人格のようになるのはやめようということです。日本語で話しているときには結構きついことを言っているのに、英語になるとなぜか急に優しくなるというような、人格まで変わってしまうのは避けるように気をつけています。れんはそれがとても上手な子で、英語で話しても日本語で話しても性格は変わりませんし、口調も大差なく話しています。たとえ相手が誰であってもそう。夫にも私にも日本語と英語で話しかけてきますが、どちらで話しても同じような口調になります。

学校や習い事に行きたくないと言い出す前に子どものテンションを上げる努力をする

子どもが学校や習い事に「行きたくない！」と言い出すことってありますよね。とくに子どもに習い事をさせるというのは、それだけお金もかけているということなので、どうにか行ってほしいなと思うものだと思います。

アメリカでは、習い事の期間は大体3カ月程度。もし続けたい場合はもちろん継続もできますが、万が一自分に合わなかったりやめたいなと思ったときにはすぐにやめることができますし、習い事に限らず、アメリカの親はどんなことでもわりと気軽にやめさせてしまう人が多い気がします。しかし私は日本人。もちろん、基本的に習い事は本人がやりたいと言ったものをやらせていますし、嫌なことを無理にはさせていませんが、お金をかけている以上、できるだけちゃんと行ってほしいのが本音です。でもなかなかそう上手くはいかないこともたくさんあります。

その場合、とても重要になってくるのが親の立ち回り。子どものテンションが上がらずに、朝は学校に行く気にならなくても、親が頑張ってテンションを上げる努力をし、元気に楽しく送り出す必要があるなと感じています。行きたくないなんて言ってほしくないから、こちらとしてはとにかく必死ですよね。子どもたちの気持ちやテンションを上げるために、ときにはばかげたことを言いながらでも、子どもたちには気分よく出かけてほしいのです。

我が家の場合、学校に行きたくないと言い出すのは、次女のはり。彼女は低血圧なのか朝起きるのが苦手で、毎日眠くて眠くて仕方ないのです。朝ごはんもほぼ眠りながら食べている状態で、ごはんを食べてからだんだんと学校に行く気になってくれるのですが、それまではどうにか楽しい話をして、気分を上げていくように頑張っています。一方でれんは、目覚めもよくて、ささっと着替えて準備をします。彼女はもう一人で生きていけるんちゃうかな？と思ってしまうほどです。

最近はお弁当も子どもたちに手伝ってもらうようにしていて、それも「みんなでサンドウィッチをつくりましょう」と言って、気分を上げさせてお手伝いしてもらいました。子育てにおいては、とにかく子どもにやる気になってもらう。これが大切なことだなと思っています。

久しぶりにできた自分時間は夫婦ともに好きなことをして楽しんでいる

最近はてらも幼稚園にいくようになり、自分の時間を持てるようになりました。私は毎朝6時くらいに起床し、6時半にれんが起きてきて学校に行くのが7時頃。7時半にはりとてらが起きてきたら夫が出社し、2人は8時頃のバスに乗って登校。下の2人が学校に行くまではとにかく忙しくバタバタとしていますが、そこからは自分の時間です。ここ数年は一人の時間がほとんどなかったので、自分の時間が持てるようになると、それはそれは楽しくて(笑)。だからといって、とりたてて特別な何かをしているわけではないのですが、ゆっくりと動画の編集をしたり、ジムに行けたりできるだけでも私にとっては最高のひととき。家族に「ジムが私の勤務先だ!」と言うほどジムに通っています(笑)。

自分の時間が持てるという意味では、アメリカは日本ほど残業がなく、会社の飲み会などの付き合いがあまりないので、夫も自分の時間が持てています。日本の場合、アフターファイブではないですが、会社の人たちと居酒屋のようなところで「一杯やっていくか」みたいなものがあるイメージですが、こちらにはそうした文化がないので、会社の人と会食以外で飲みに行くというのはほとんどありません。

夫の場合は、大体4時前には会社が終わるので、私が行けないときは子どもたちの習い事のお迎えに行ってもらったりもしますが、仕事帰りにジムに行ったり、おじさんばかりのサッカーチームに参加してみたりと、自分の時間も楽しく過ごしています。彼は立命館大学に留学していて、アメリカの大学を卒業後に立命館大学の職員として働いていたことがあります。その頃はやはり職場の人と飲みに出かけたりしていて、自分の時間が持てないこともあったようですが、彼はお酒が結構飲めるタイプなので、日本の飲み放題は本当によかったと言っていますね（笑）。アメリカにはそういうお店がほとんどないので、飲める外国人にとっては夢のような場所なのだそう。

会社の付き合いの飲み会というものがないので、お酒は家で飲むことがほとんど。時々友人と飲みに出かけたりもしますが、大体家で飲んでいます。彼がこの料理のときには必ずビールを開けるというメニューがあるのですが、それは餃子！　餃子を食べるときにはアサヒビールなどを開けていますね。

宗教や政治については自分の考えや意見を尊重するようにしている

2024年に大統領選挙がありましたが、アメリカでは選挙のたびに自分たちが支持している政党を堂々と掲げる人がたくさんいます。私たちの住むオハイオ州はどちらかといえば保守勢力が強いエリアなのですが、うちのご近所さんたちも家の前に「自分はどの政党を応援している！」というのがわかるように、旗を掲げているところがたくさんありました。それはもしかすると、アメリカでは「自分の意見を言いなさい」という教育を受けるので、その影響なのかもしれません。

しかしそれは強制ではありません。もちろんそうした支持政党を表明しないという選択肢もありますし、私たちもどちらかというとそういったことはやっていないため、アメリカはやっぱりすごいなと、違うものを見ているような気分で眺めています。

アメリカでは中学生くらいから本格的に政治の勉強が始まります。その中で、うちは夫もそうなのですが、政治や宗教について、親の意見で「あっちがいい」「こっちがいい」ということは言わないようにしています。とくに宗教に関しては、アメリカは多民族、多宗教の国ですから、とりわけ気をつけています。夫はクリスチャンですが、子どもにはキリスト教がどうこうということを教えるよりも、全ての宗教をリスペクトし、自分で考えることを教えているようです。「世の中にはたくさんの宗教があって、それには全部にいい教えがたくさん詰まっているから、もしこれはいいなと思うようなことがあれば、それを自分に取り入れればいい。全てにリスペクトを持つことが大切で、どれか一つに絞る必要もないんだよ」と。

それは政治も同じではないかと思います。何かを伝えないといけないときにも、自分たちの意見を言うのではなく、「○○だよね」と事実だけを伝えるようにしていますし、自分は共和党だ、民主党だと別に言わなくたって構わないと思うのです。とはいえ、れんくらいの年齢になると「お父さんはどっちに投票したの？」と聞いてきます。そのときは、なぜその人に投じたのかを理由を添えて答えていましたが、「お父さんと同じ考えでなくても構わないよ」と言っていました。

言葉が悪いかもしれませんが、自分で調べて考えて、その上で子どもたち自身がどう判断するかは私たちには知ったことではないのです。子どもだって、親とは別の一人の人間。親と反対の意見でも構わないと思っています。

意識的にかけてあげる言葉がある一方他人と比較する言葉は言わない

動画を観ている方から「おかんさんが『よく頑張ったよ！』と言っているのが印象的です」と言われることがありますが、改めて考えてみると、あえて意識的に子どもたちにかけている言葉かもしれません。

私たちが一時帰国をするときは、日本とアメリカの長距離移動。ましてやオハイオと地元・大阪間の直行便なんてものはなく、どうしても乗継になってしまうのです。オハイオからロサンゼルスやサンフランシスコに行って、そこから関西空港に行くか、成田に行ってから関西空港に行くことになるのですが、移動だけで大体24時間くらいかかってしまうのです。

さらに日本に行くときやアメリカに帰るときは、ワンオペになることも多く、最近でこそ子どもたちも大きくなってきて少しはラクになりましたが、それでもやっぱり3人の子どもたちを連れて移動するのは大変。過去の動画を見返してみても、とくに2、3歳くらいが一番大変です。子どもだって長距離移動は疲れるので、歩いてくれるだけでもありがたいですし、頑張ったよとねぎらうようにしています。

それから誕生日の前日の夜に、意識的というか必ず言うようにしている言葉があります。それは例えば、はりが4歳の誕生日を迎えるとしたら、「3歳のはりちゃん、今までありがとう。さようなら」と言うこと。そのときには3歳のはりとの楽しかった思い出も一緒に伝えるようにしています。子どもたちは不思議なもので、この言葉をかけてあげると、とても楽しそうにワクワクした表情を見せてくれるのです。「明日からすごく大きくなるんだ！」と言わんばかりの表情をするのですが、きっとパワーアップするような気持ちになるのでしょうね。そして誕生日当日の朝は、ちょっと大人になったような顔で2階から降りてきてくれます。

逆に、これは子どもたちに言わないようにしようと思っているのは、他の子たちと比較するような言葉です。私はどうしても比べてしまう癖があるのですが、誰かと比較されるようなことを言われて嫌だった経験があるので、言わないようにしようと心がけています。例えば「あの子ができるのに、あんたはできない」みたいなことを言われてしまうと、言われた側はとても辛いですし、自己肯定感もどんどん低くなってしまうのではないかと思うのです。

チップやお小遣い、奨学金制度
日本とは異なるお金のあれこれ

お店やレストランなどではとにかく店員さんの間違いが多いアメリカ。レジの打ち間違いから、注文のとり間違えなどいろんなものを間違えますから、レシートをしっかりチェックしないといけません。もちろん、何か間違いがあった場合には、店員さんにきちんと指摘するようにしています。しかし、間違いを指摘された後の対応もとても面白いもので、例えばレストランで注文が間違っていた場合、日本だったら「申し訳ありません」と言って間違えた料理を下げていきますよね？ アメリカの場合は、「ごめんなさい、でもこれは食べちゃってください」と言って、間違ったメニューをそのまま置いていくのです。

レストランでは注文をとるときにメモをしない店員さんが本当に多いのです。だからこうした間違いが起きますし、たくさん注文をしたり複雑な内容の注文をしてもメモをしないので、きっとこの人は間違えるだろうなと思っていると大概間違えます（笑）。「間違えるんやからメモせんと！」と思うのですが、まずしません。

そんな店員さんに出くわしたとしても、夫は20％のチップを払っています。私が「少し下げて15％でいいんじゃない？」と言っても、彼は必ず20％のチップを払うのです。もちろんチップは義務ではないので、アメリカ人の中にはそういうサービスをされた場合にはチップを払わないという方もいますし、そういう方たちがいてもいいと思います。今はチップも電子決済が主流になっているので、子どもたちから「どうして日本にはチップがないのにアメリカにはチップがあるの？」などと聞かれたこともありませんし、もしかするとチップを払っていることすら理解していないかもしれません。昔はチップも現金を置いていたので、物理的にチップを目にする機会がありましたが、今はそういうものも見えにくい時代になってしまいました。

お金の価値がわかりにくい時代になってしまっているからこそ、日本ではお金の勉強を小さいうちから始める人が増えていると聞きます。しかし我が家はまだ、お金に関して深く教えていません。子どもたちにはあまりお金を渡していないのですが、親戚の方たちにお金をいただいたときには貯金箱に入れるようにしていて、れんとはりは何か欲しいものがあるとそこから買っています。本当はもっとお金のことを教えた方がいいと思いますし、高校生くらいになったら投資もしてほしいと思っています。

今ではお小遣いの渡し方も現代的で、やはりバーコードを使って入金する方法が一般的になってきています。アメリカでは、クリスマスや誕生日に親戚などからお小遣いをいただくことがあるのですが、それも現金を渡すのではなくバーコードで入金しているのです。最近は大学に通わせるのにものすごくお金がかかるので、うちの場合は積立をしている口座のバーコードを親戚に教えて「大学に通わせるためにここにいくらか入れてあげてください」とお願いすると、そこにお小遣いを入れてくれるのです。アメリカは、一気に100、200ドルといった単位でお金をくれるのではなく、10、20ドルをたびたび入金してくれるといった方が多い気がします。

ちなみにですが、念のためにと我が家から一番近い大学の授業料を調べたのですが、授業料だけで年間5万ドル（日本円で約785万円）もかかるようでとにかくびっくり！ 覚悟していたのですが、あまりにも高額なので改めて驚いてしまいました。こんな金額では一般家庭の親はとても通わせることができないですよね。そのためか、こちらではレベルに合わせてさまざまな奨学金制度が用意されていて、返済義務があるものもありますが、大学や民間団体が提供している奨学金は基本的に返済が不要なのです。そのため、奨学金を取らせて大学に行かせる親もたくさんいます。

【円安で衝撃の価格差】日本のカップのサイズはアメリカには無い？！｜5人家族、日本とアメリカでサーティワン♪｜Comparing Experiences at Baskin Robbins

漫画やアニメは効果絶大！好きなものから言葉を学んでバイリンガルに

バイリンガルに育てるためにしていることはありますか？というのもよく聞かれる質問ですが、ルールとして決めたことは、前にも書いた通り、「家の中では日本語を使うこと」「平日毎日1時間は日本語の勉強をすること」くらいで、それ以外で私たち親は何かをやらせたということはありません。

アメリカの日本語補習校には、れんもはりも幼稚園から通っています。てらも、もうすぐ入学できるのですが、入学するには日本語での簡単な面接があるので、てらにも頑張ってもらわなければなりません。

補習校では国語以外にも、算数や理科など、日本の学校のように授業を行ってくれるのですが、授業が土曜日にしかないので、朝8時半から午後3時までみっちり時間割りが組まれています。幼稚園から高校3年生までクラスがあるのですが、通っている子のほとんどが駐在員の方のお子さんで、任期が終わると日本に帰ってしまう方が多いので、高校3年生までいるという子はかなり少ないです。

それ以外で日本語を習得するのにとても大きな効果や影響があったと思うことは、前にも少し書きましたが、子どもたちが日本のアニメや漫画を大好きになってくれたこと。前回の一時帰国で日本からアメリカに戻ってくるときには、飛行機に預けられる荷物の制限が1個23kgまでだったので、家で漫画の重さを計算したら100冊は持って帰れることが判明。古本屋さんで漫画や本をたくさん購入して、段ボールに詰めて持ち帰りました。

漫画は漢字もたくさん使われていますし、ルビも振られているので日本語の勉強になりますし、漫画から覚える言葉や言い回しもたくさんあります。アニメもよく観ていて、音声を日本語にしたり英語にしたり、切り替えながら観ていますね。ただ、一つ弊害があるとすれば、悪い言葉も覚えていくのですよね（笑）。娘2人は『ワンピース』や『鬼滅の刃』といった少年漫画が好きなのですが、とくにはりは悪い口調の言葉を覚えて使ってしまうのです。こうしたこともあって、アニメや漫画は良くないと制限する親御さんもいらっしゃるかもしれませんが、うちの場合は少しでも日本語に触れる時間になってもらえるならいいかなと思っています。

親ができるサポートは好きなものを見つけるための環境づくり

ここまで子育てや子どもたちについてたくさん書かせていただきました。日本で生まれ育った私が経験したことと比べて感じるアメリカの教育や子育ての面白さ、また夏休みに日本の学校に通わせて改めて感じる日本の教育や子育ての面白さ、両方のいいところを取り入れながら、子どもたちには元気に育ってほしいと思っています。過度な期待はしていません（笑）。自分にはこういう特性があるのだなと感じたら、その部分を伸ばしていってもらいたいなと思います。

れんは、ジャーナリストになりたいという夢があります。歴史も好きですし、社会情勢も気になるようで、私たちに質問をしてきたりもします。さらには人前で話すのも嫌いではないので、自分が好きなことやりたいことなのであれば、親としても応援したいと思っています。ただ、夢はころころと変化していくものだと思うので、数年後には違う夢が見つかるかもしれません。

はりはまだ自分が夢中になれるものを見つけられていませんが、彼女は人間力がある子です。学校があまり好きではなく、一時は、家庭で勉強をする「ホームスクーリング」にしたいと言い出したこともありましたが、人にとても優しく、友達もたくさんいます。これからいろいろな経験をして、好きなことを見つけていってもらえたらいいなと思っています。

てらはまだまだ幼く手がかかる時期ですし、どんな子に育つかは未知数です。今は外に遊びに行くのが大好きで、今日もゴルフに行きたいと言っていました。遊びでもなんでもいいので、彼も好きなものを見つけていってもらえたらと思います。

親ができることといえば、子どもがやりたいということがあれば、たとえそれが長続きしなくてもできる限りサポートをしてあげること。できるだけ熱があるうちにやらせてみて、夢中になれることを一つでも見つけてもらえたら、それだけでも嬉しいです。私たちがアメリカに住みながらも日本語を教えたのは、ともに日本語を話せる私たちが子どもたちにしてあげられる唯一のことだったから。しかし今はバイリンガルというだけで生きていける時代ではありません。好きなものから何かを見つけて、後々自分のスキルとなっていく。そんな環境づくりをしていきたいと思っています。

れん＆はりが COLUMN

視聴者さんの質問に答えます！

—PART 1—

Q お父さん、お母さんの好きなところをそれぞれ教えてください!

Wren's Answer

お父さんの好きな所はいつも夜に「おやすみ」と言ってくれる所が好きです。一方、お母さんの好きな所は、いつもおいしいご飯を作ってくれる所が好きです。

Hallie's Answer

お父さんのすきなところは、いつもおもしろいからです。お母さんのすきなところは、いろいろあります。

Q 日本のいいところ、アメリカのいいところは?

Wren's Answer

日本の一番いい所は食べ物と風景です。アメリカの一番いい所は広大な土地がある所です。

Hallie's Answer

日本のいいところは、じはんきと、白米がおいしいからです アメリカのいいとこは あまいもんがあるからです。

Q 2人は夢を何語で見ますか?

Wren's Answer

私はいつも夢を見る時には日本語です。空想も日本語になります。

Hallie's Answer

見る夢は、アニメっぽいです。

第2章

夫婦で語る

子育て・出会い・国際結婚・これからのこと

私と夫はWHTチャンネルの名コンビ!?でもありますが
私達の子育て論や未来に対する思いだけでなく
YouTubeでも語ってこなかった結婚についてや
おとんさんのこれまでの人生など
夫婦2人きりでたっぷりと語ります。

おかんさんとおとんさんが感じる日本とアメリカの子育ての違い

アメリカは自由な半面、地域によって治安も教育の質も異なる

おかんさん：うちはコストコによく行くけれど、この間夜のコストコに初めて行ったら、働いている人の雰囲気が昼と夜とでは全然違うんねんな。夜の方が、荒くれ者が働いていて、治安が悪い感じがしたな。

おとんさん：一般的に言うと、日本は従業員に対してだけでなく、何においても標準化が得意だよな。アメリカは自由にさせてくれて、例えばお店の店員の場合は親しみやすさにも繋がるけれど、親しみがありすぎだね。

おかんさん：パンプキンパイが残っていて「お前ら、パンプキンパイ買ったらどうやー」みたいな乱暴な言い方してきてな（笑）。あれ？ 午前中とちゃうなって（笑）。

おとんさん：標準化されていないのは教育の場面でも言えると思うんだよね。だから全米でこういうことを教えます、こういう科目を必ず教えます、みたいな基準が

ないんだよ、この国は。教える内容は先生や学校、州によっても異なるし、それが日本とはかなり違うところだよね。

おかんさん：アメリカも公立の学校は学区が決まっているから、好きな学校を選べるわけではないけど、住む場所によって学校の質が変わるから、家を買うときにしっかりとそういう情報を見ているよね。ここの家を買ったら、その学区の学校がどのくらいのレベルかという10段階指標みたいなものがあって、調べるとすぐに出てくる。そしていいエリアは家が高い！このエリアに家を買うとどの程度の学校に行けるっていうのを、みんなわかって家を買うって、格差がすごくあるってことよね。

おとんさん：子どもたちが通っている現地校は今、中の下くらい？

おかんさん：中の上よ、引っ越してきた頃よりも良くなっている。

おとんさん：学校の質がエリアによってバラバラっていうのは、日本人からしたらすごくびっくりすることだよね。

おかんさん：住めば住むほど驚くよ、地域によってこんなに違うんだなって。

おとんさん：教育のいい悪いはエリアの治安にも関係してくるからね。アメリカは「自由」って言うと、聞こえはいいし、とてもポジティブな表現だと思うんだけど、それって実はいいことではないと思うんだよ。格差があからさまなのは、あまりいいことではないんじゃないかな。

おかんさん：日本では公立の学校でここまで地域格差があるっていうのは、あまりないと思うね。

男女での区別をしない
アメリカでもジェンダー問題は話題

おとんさん：てらが生まれたときに、俺が一番心がけていたことは「甘えん坊に育てない」だったんだけど、日本に行くと一人息子の場合は甘えん坊に育っている子が多い印象がある。俺も末っ子長男だから甘えん坊だし、俺みたくなってほしくないっていうのもあったんだけど。俺みたいなのはあかんパターンだなと思って。

おかんさん：おとんさんもお姉ちゃん2人いて末っ子やから、てらと同じ境遇やもんな。

おとんさん：だから、結構てらには厳しくしているつもりなんだよね。てらがわがままにならないように気をつけないといけないって、いつも思ってる。

おかんさん：末っ子は甘やかして育てられるみたいなのって、アメリカにはないん？　日本にしかない文化なのかな？

おとんさん：アメリカも同じだよ。末っ子のことを一生「baby」とか「a baby of the family」と言ったりするけど、末っ子で長男だと、何をするにしてもその子のことばかりを優先してしまうから、そういうのは良くないなと思ってる。

おかんさん：男女での区別をしないようにしたいってことやろ？

おとんさん：家庭内ではとくにそうだね。一番近くにある日本語の補習校では、いまだに男女で役割を分けていたりするけど、アメリカの現地校ではそういうことが少なくなっている気がするね。

日本の食育は進んでいる⁉
海外在住だからこそわかる給食の素晴らしさ

おとんさん：アメリカに駐在などで来ている日本人に、「アメリカで何があったら一番嬉しいですか？」という質問をすると、大抵食べ物の話が出てくるでしょ？　それってやっぱり食文化がすごいんだよね。そこにアメリカとのギャップを感じる。

おかんさん：日本人はグルメですからね。

おとんさん：とくにオハイオとかインディアナなど海のないところに来ると、美味しい魚料理なんかもあまりないし、不満なんだよ。みんな一様に食のことを口にするってことは、それだけアメリカの一般的な食生活が全くイケてないって証拠でしょ？　アメリカ人に日本の給食を食べさせたら、もちろん口には合わないかもしれないけれど、でも給食って栄養バランスも考えられて作られていて、とてもいい文化だと思うんだよ。日本人はそんな給食を食べて育っているから、アメリカの食文化に不満が溜まるんじゃないかな。

おかんさん：アメリカは嫌いなもんは食べさせへんからな。だからずっと嫌いなまま。日本の給食って「あんた、これ食べな」って出てくるから、嫌いなものもなんとなく食べられるようになったりするけど、アメリカは嫌いなら食べなくていいって感じだしな。

おとんさん：アメリカは食育とか給食についてはまだまだ勉強中だよね。

おかんさん：でもアメリカの給食は、ベジタリアン用もあれば、日替わりもあったりするからバリエーションは豊富だよね。日本の給食と違って選択肢もあるから、嫌いなものは食べなくていいってなる。それがいいか悪いかは知らんけど（笑）。

おとんさん：だってさ、有名ピザチェーン店なんかが学校にあるっていう話も聞くよ？ それって子どもたちの食育としてどうなの？

おかんさん：小さい頃からそう子どもに洗脳するんや（笑）。「そうそう、これを食べようね～」って。日本の給食は献立の横に栄養素が書かれていたりして、そこまで考えられて作られているっていうのがすごい！ 海外に住むようになって、日本の給食のすごさに気づいたな。アメリカの食育事情がそんな感じやから、『セサミストリート』は食育にも力を入れているっていう話も聞いたわ。今は昔よりはそれでも良くなったんよね？

おとんさん：それも学区によって違う。お金持ちの住むエリアの学校はいいけれど、貧困層の住むエリアはそうじゃないんだよ。

おかんさん：食べ物の話で言えば、昔、あんたから「牛乳だけは頼むからオーガニックにしてくれ」って言われたのが印象的やったわ。私からしたら何か違うんかいなって思っていたから、「そうですか」って言ってオーガニックを選ぶようにしてるけど、何か良くない記事でも読んだの？

おとんさん：いや、別に牛乳にはこだわってないよ。そんなことあったっけ？

おかんさん：あったよ！「牛乳はオーガニックにしてもらわないと！」って。

おとんさん：それはあれだね、子どもたちが離乳食を食べ始めるから牛乳は大事って話だったんじゃないかな？でも、もうその時期はだいぶ過ぎたから、いいんじゃないか、普通の牛乳で（笑）。

【アメリカ給食】休校中に朝食、昼食を貰いに行く！中身は何かな？｜一日のスケジュール作成｜What's in the bag ？｜Meals from School｜

おかんさん：オーガニックのものって普通のものと比べて値段が高いんでね、それなら今日からそうしましょうか？

父親も育児参加に積極的なアメリカ　しかし離婚率が高い！

おとんさん：コメントで、「アメリカの父親はよく育児に参加するんですか？」という質問をもらうけれど、確かに印象としてアメリカの方が、父親が育児に参加している気がするな。でも日本も昔に比べると、育児に参加する父親が増えた気がする。それは、サービス残業をやらせる会社が減ってきたり、父親が育休制度を利用できる会社が少し増えてきたからだと思うけれど、それでもまだアメリカの方が、父親が育児に参加していると思うな。

おかんさん：アメリカは、学校や習い事への送り迎えもしなければならないし、距離も長いし治安の面でも、「チャリで帰ってこい！」っていうようなレベルではないから、お父さんにお願いして手伝ってもらわないと無理やんな。

おとんさん：父親の育児の参加率は高いと思っているけれど、アメリカは離婚率が高いのも事実。離婚した場合は、毎日子どもに会えるわけではなくて、会える曜日が決まっているから、子どもと遊んだり、触れ合い自体が減ってしまうんだよね。「日本より子育てに参加する父親が多い」と得意げに言ったけれど、離婚する家庭が多いと、子どもに関われる時間が減ってしまうから、それで苦労したり、落ち込んでしまうお父さんたちも多いと思うよ。さまざまな事情があるにしても、離婚をしてしまうって子どもにとってはいいことではないしね。

おかんさん：離婚をすると養育費はしっ

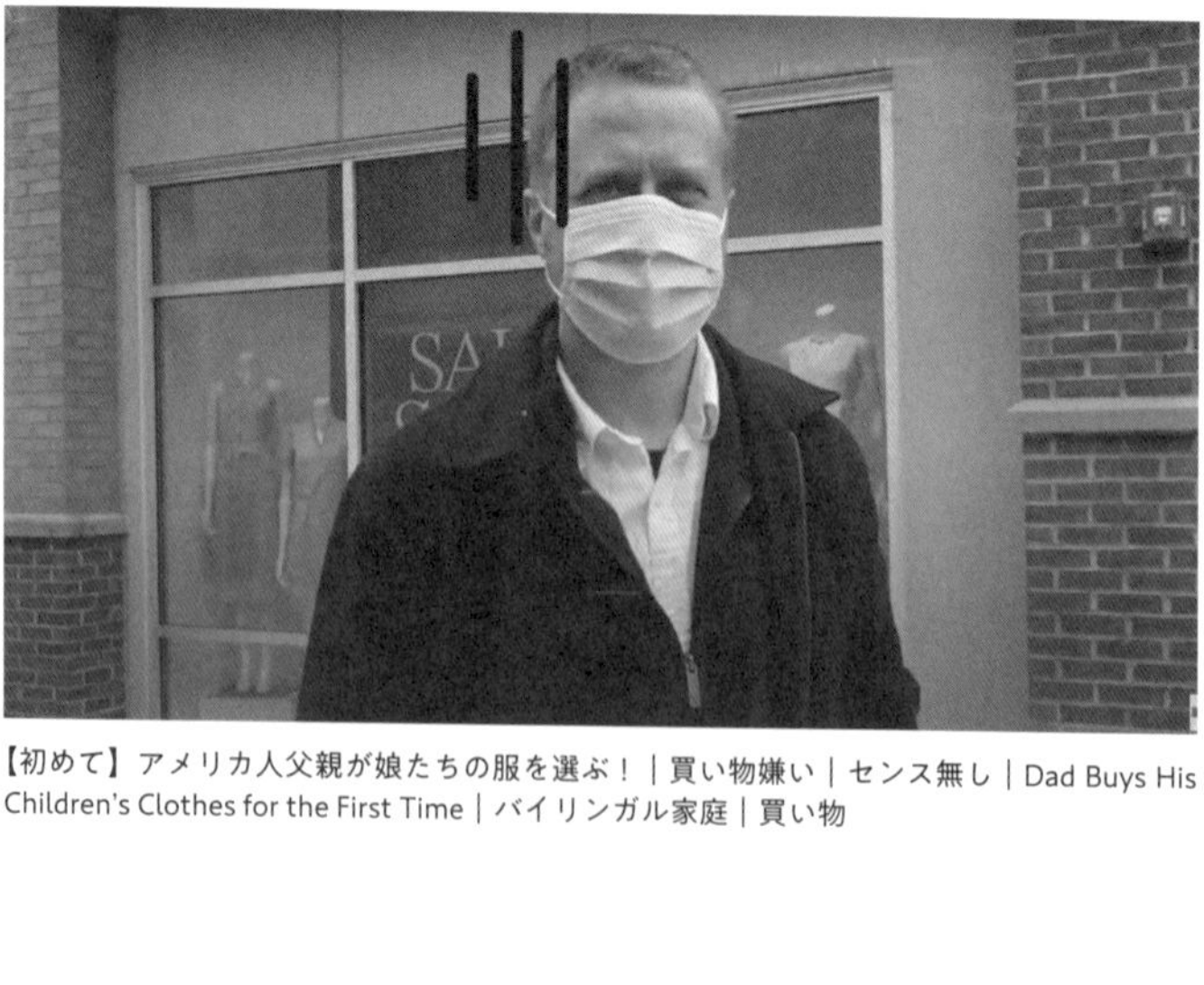

【初めて】アメリカ人父親が娘たちの服を選ぶ！｜買い物嫌い｜センス無し｜Dad Buys His Children's Clothes for the First Time｜バイリンガル家庭｜買い物

かりと払われるから、お金の面では大丈夫でも、マンパワーで考えると大変よね。子どもが1人ならまだしも、何人もいたりして、さらに近くに祖父母もいなかったら、送り迎えとかもどうしているんだろうか。

おとんさん：また送り迎えの話か！　一緒に過ごす時間とか愛情とか、送り迎えよりも大事なものがいっぱいあるんだよ。

おかんさん：でも、私にとっては送り迎えも重要な問題よ（笑）！

国際結婚・バイリンガル家族の知られざる実情

お互いの家族が喜んだ、おとんさんとおかんさんの結婚

おかんさん：私は少し変わり者なんで、親もこの子はきっと普通の日本の家には嫁げないって思っていたらしくて、あんたとの結婚が決まったときには「よかった

な」って言っていたな。でも顔合わせのときに、私の父親がおとんさんに「返品せんといてや、うちは返品受け付けていませんのでね」って言っていたわ（笑）。

おとんさん：そのとき、後でちゃんと「よろしく」っていう一言も言ってくれたからね。だって一人娘だし、お父さんの気持ちがよく伝わった。「返品せんといて」って冗談で言ったと思うけど、しっかり頼んだぞって言われていると思ったよ。結婚の挨拶に行ったときはすごく緊張したし、結婚の挨拶でなかったら、お父さんに会うのはちょっと恐かったと思う。

おかんさん：あんたんとこはどうやったん？

おとんさん：プロポーズしますよって言ったら、みんな「よかった」って言っていたよ。外国人でもウェルカムな感じだったし。もちろん事前におかんさんの話は何百回としていたから、プロポーズしたいって言ったらとても喜んでいたよ。

おかんさん：あんたの家族にはフィアンセビザを取ってるときに会いに行ったな。

おとんさん：そのときおじさんに「あの子と結婚しなかったら、お前に何か問題がある！　絶対に結婚した方がいい」って言われた。そういうサポートの声もあがっていたくらいだったよ。

遠くに暮らす家族のためにもYouTubeはいいツールだと思った

おとんさん：YouTubeを始めると聞いたとき、うちのお父さんやお母さん、お姉ちゃんに、子どもたちや家庭の様子を見せられるからいいなって思ったんだよね。だから英語でも字幕をつけて、俺らが日本語で話していても何を言っているのかわかるようにした。

おかんさん：2016年にインディアナからオハイオにやってきて、お互いの家を訪ねるのも難しくなってしまったもんな。

おとんさん：だからYouTubeを始めると言ったときに、電話とかで「今はこういう状況だよ」と伝えるよりも映像で見せられる方がリアルに伝えられると思ったし、すごく喜んでもらえそうだなと思った。安心して見せられるっていうのが、このチャンネルのいいところだと思うよ。俺はサブウェイの注文の仕方を教えている動画が好きで、いつもヘラヘラ笑いながら観ている。

おかんさん：あれのどんなところが好きなん？

おとんさん：一番は、はりの態度だね。なんか偉そうな感じで。

おかんさん：なんて言っていたっけ？

おとんさん：一度言ったことをもう一回聞き返したら、英語で「さっき言ったやろ？」みたいなすごく偉そうな言い方をして、びっくりして笑っちゃうんだよ。昔からホームムービーやスライドショーで家族の思い出を映像で残すというのはあったけれど、ＹｏｕＴｕｂｅのすごいところは、そうした映像を家族はもちろん、家族ではない人たちも一緒に観ることができることだよな。編集してオンライン上に残しておくと、何年経っても色褪《あ》せないエンターテイメントとして楽しむことができるし、すごく面白いメディアだよね。

【初めて英語で注文】難しいぞ！サブウェイのオーダーチャレンジ！｜予行練習も忘れずに｜Ordering Subway for the First Time｜バイリンガル家庭｜メニュー紹介｜

おかんさん：編集するのって本当に大変。それにオンライン上に残ってしまうものだから、動画をアップする前には子どもたちに「こういう動画が出ますけどいいですか？」って確認もしてんねんな。子どもとはいえみんなに人権はあるし、残ってしまうというリスクがあるからね。

おとんさん：でも温かいコメントが多くて、嬉しいよな。2023年には羽田空港で初めて触れ合いイベントもやったけど、そのときは視聴者の方たちと直接話せたことで、彼らの熱い思いが伝わってきてすごく感動的だった。

おかんさん：日本であんな風にたくさん集まってもらったのは初めてやったしな。アメリカでも声をかけてくれるのは大体日本の方たちで、本当にありがたいな。

【5人家族アメリカ帰国】パーティーは終わらない、誕生日×長時間国際線フライト！｜The Longest Birthday of Hallie's Life

文化が異なるからこそ
相手の国をリスペクトすることが大切

おとんさん：国際結婚をして苦労したことを質問されることも多いけれど、これはアメリカまで嫁いできたおかんさんの方が多いよね。

おかんさん：アメリカ人って時間を守らない人が多いから、アポイントをとってもその時間に全然やって来ないよな。昔は、そんな人がいるとおとんさんに対して怒ってしまうっていうのがあって、その来ないアメリカ人に対して怒るべきなのに、まるでおとんさんが約束の時間に来ないかのようにあたったりして（笑）。でもおとんさんはおとんさんで、その人はその人で、全く別の人間だからね。それにお互いの国のことを悪く言ったら絶対にあかんなって、今になってやっとわかってきたなって思う。誰しも自分の生まれた国のことを悪く言われたくはない。どんなに嫌なことがあったとしても、やっぱりお互いの国をリスペクトすることが大切で、嫌なことは笑いに変えていかなしゃあない。たとえ時間通りに来ない人がいたとしても、そういう人もいるよねと思って、「また来ないね〜」って笑えばええねん。

おとんさん：でもやっぱり時間を守るという意味では、日本がすごいんだよ。

おかんさん：うちの冷蔵庫を買ったときなんて、最初にアポイントした日に来なくて、2回目は冷蔵庫を持ってきたけどドアに当ててしまって、「冷蔵庫ちょっと凹んでいるけど、このままでもいい？」って言ってきたから「持って帰れー!!」って言って（笑）。

おとんさん：「ちょっとだけ凹んでいますけど背面の方だし、どうします？」って言ってたな（笑）。カスタマーサービスの対応や満足度も日本の方が充実していると思う。

おかんさん：国際結婚をして良かったことも聞かれるけれど、子どもに2つの異なる文化を教えられるっていうのは良かったな。

おとんさん：でも、それぐらいだね。

おかんさん：そうやね、国際結婚やからって、強いて特別なこともないよな。

子育てにルールはない 手探りしながら育てていく

おとんさん：コメントの中に時々あるのが「これから結婚する人や子育てをする人にアドバイスをください」っていうものだけど、これについてはうちの家族からのアドバイスは聞かん方がええわ（笑）。うちは子育てで検討会議とか家族会議とかをやったこともないし、YouTubeを観てもわかる通り、めちゃくちゃだしな。実際にいろいろやってみて、「これはあかんわ」「これはいいよね」ってやってるよね。

おかんさん：そうね、これに関しては夫婦2人でどうしたらいいのかを見つけながら、家族を築き上げていただくのがいいんじゃないかな。やり方にルールはないし、そうして築き上げたものがその家庭の個性にもなるしね。「こう！」って決めつけないで、手探りでやっていくのが家族だったり子育てなんじゃないかなって思うねんな。YouTubeで見えている私たちはほんの一部でしかないし、実際はいつも裸でうろちょろしてるしね（笑）。「寒い」って言ってんのに、今日もパンツ一丁でいたから、「服を着てね」って言って。

おとんさん：でも、外に出かけることが少ない家族だから、そういう悪い面を見せずに済んでいるっていうところもあるよね。

おかんさん：学校に月〜金曜まで行って、土曜日は日本語の補習校に行っているから、子どもたちは疲れてんねんな。だから日曜日とか「あんまり外は行きたくなーい！」とか言われて。よく、「どうやったらあんないい子に育てられるんですか？」って質問もされるけど、楽しいことを率先して親がやるっていうのは心がけているかな。でも「楽しいよ」っていくら親が言っても、全然参加してくれないこともあるけど（笑）。

おとんさん：実際、言葉は悪いかもしれないけれど、実験的に育てているわけでしょう？　だからいろいろやってみながら、「それは良くない、これがいい」とかを見つけてきた感じだね。

子どもたちを叱るのはおとんさんの役目

おとんさん：子育てのルールはないとは言っても、結婚する前から「子どもは3人が理想だね」とか、そういう漠然とした家族のあり方やイメージというものを2人で話していたよな。そうしたイメージを共有していたくらいで、あとはなるようになるというか。

おかんさん：私はあんたのこと信じていますんで、恐ろしい子育てをすることはないだろうと思っていますよ。

おとんさん：でも、子どもにガミガミ言うのは6、7割ほど俺だよね。おかんさんは、どうしてもやってはいけないことを子どもたちがしたときにはもちろん怒るけど、それでも大体許してしまう。いつも怒っているのは俺。

おかんさん：私はつねに子どもたちのそばにいるから、ガミガミ怒ってもキリがないやん。それはどこのお母さんも同じだと思うで。つねに怒っていたら自分の体が持ちませんのでね。お母さんは疲れてて怒るのもしんどいから、大体のことはOKになってしまうのですよ。そうしているとあんたが帰ってきて、子どもたちは怒られる（笑）。大体どこの家も同じや。

おとんさん：確かにお前は黙ってしまうときがあるな。大体怒っているのはお弁当箱をバッグから出さないときだね。子どもたちが学校から帰ってきて、お弁当箱を出さないって一日1回は怒っているな。

おかんさん：お弁当箱を出さないのは、大体はりな。あの子は何度言っても出してくれへんし、バスの中にお弁当箱を忘れてくるタイプやろ。てらなんて、違う子のお弁当箱を持って帰ってきたこともあったし（笑）。そんなことあるんやな。

好きこそ物の上手なれで外国語は上達する!?

おとんさん:俺が子育てで大切にしていることは、「ルーティンをつくること」。例えば、てらの寝る時間を毎晩同じ時間に決めて、それまでの行動をルーティンにしていくと、夜しっかり寝てくれる。でもそのルーティンが崩れてしまうと、寝てくれなかったり、子どもたちの生活リズムが崩れていくよね。

おかんさん:睡眠の確保は大事。機嫌も全然違うしね。

おとんさん:もし彼が寝てくれなかったら、お姉ちゃんたちの生活リズムにも影響が出てしまうし、そこから負のスパイラルになってしまう。だから彼の寝る時間を決めて、毎日同じように寝る準備をして、「寝る時間だよ」ってルーティン化してあげたことで、寝る時間なんだと最近自分でわかるようになってきたね。もしそれがなかったら、きっと昔、れんを寝かしつけていたときと同じくらい大変になってしまうと思うよ。覚えている?

おかんさん:れんはあんまり寝えへんタイプの子やったから、寝かすのにすごく時間がかかったりしたな。

おとんさん：そう、だからこそ、それを繰り返さないように、てらにはしっかりとルーティンを組んであげている感じだね。あとバイリンガルに育てるという点においてはコツがあるわけではないけど、一番努力したのはおかんさんだよね。

おかんさん：学校から帰ってきてから1時間は必ず日本語の勉強をさせるようにしているけど、あの子らがちゃんと付き合ってくれているからね。

おとんさん：でもこうやって頑張ってやらせる人がいるってことが大事だと思うな。そういう人が一人もいなかったら、日本語の補習校に行かせることもしなかっただろうし、学校の授業にもついていけないと思う。毎日学

【アメリカ小学2年生】初めての日本語→英語の通訳挑戦｜桃太郎｜ バイリンガルへの道｜First Translation Challenge : In the Japanese Book

校が終わったら、しっかり1時間は日本語の勉強をするっていうのが大切だよ。れんはすごくやる気に満ちあふれていて、はりはお姉ちゃんを真似しながらついて行って、てらはやりたい放題だし、日本語も英語もごちゃ混ぜで話したりもするけど、どんな子になるのか本当に楽しみだよ。

おかんさん：そういえばこの間、はりが「凍死した！」って言っていたんだよ。凍死って意味わかる？

おとんさん：……？

おかんさん：ほら、わからんやろ？ 凍え死ぬってことやで。どこでそんな言葉を覚えたんや！ って思ったんだけど、溺れて死ぬっていう「溺死」っていう言葉もあるよって教えておいた（笑）。

おとんさん：そういう言葉ってやっぱり漫画から知っていくんだよね。子どもたちに好きなものや熱意のあるものがあると、そこからなんでもすぐに覚えるから、そうした好きなものを早くに見つけてあげられれば、外国語をもっと覚えやすくなるんじゃないかな。もし漫画とかに興味がなかったら、はりは日本語が今ほどできていなかったかもしれないね。

テストでは測れないおかんさんの英語の実力

おかんさん：最近子どもたちは私に一瞬でも英語で喋ってくることはなくて、日本語でしか話しかけてこなくなったな。どういう理由で切り替えているのかはわからないけれど、おとんさんが帰ってきたら英語でわーっと話しかけているよな。おかんさんは英語が上手じゃないって、娘たちはよくわかっているから（笑）。アメリカの大学に入るときに受けたTOEFLの点数が500点ぐらいしかなくて、それ以降、英語のレベルを測れるようなものを受けていないから、今の英語のレベルがわからないんだけど、おとんさんから見てどう思う？　多分あんまり英語力が伸びてないと思うんだよね。

おとんさん：いや、そうでもないと思うよ。スペルは今でも苦手かもしれないけど、それでも会話はちょっとずつ上手くなっていると思う。

おかんさん：でもやっぱり出会った頃が一番上手かった気がするな。お付き合いしている頃は英語で会話していたし。

おとんさん：そうだね。結婚してアメリカに来るとなったときは、少なくとも付き合っていた当時のレベルを維持するだろうと思っていたけれど、高等表現という意味ではだんだんと落ちてしまったね。

おかんさん：子どもたちが学校から難しい資料をもらってきても、すぐにおとんさんに渡してしまうのは良くない（笑）。

おとんさん：でも最近思ったのは、子どもたちがもらってきた学校の資料でおかんさんがわからないって思うところは、俺もよくわからないんだよ（笑）。それって俺らのせいじゃなくて、書いた人がおかしな書き方をしているからじゃない？　それにTOEFLなんて、実際にはなんの役にも立たない言葉や表現ばかりなんだよ！　だから、れん、はりが今のうちから日本の学校で生きた日本語を

【アメリカ育ち姉妹】日本の小学校デビュー！｜美容室へ行くぞ｜Two Japanese-American Students Enroll into Japanese Primary School｜

体験できているっていうのは、すごく良かったなって思うよ。

おかんさん：そうだね。コロナ前に日本に帰国しようとしていたけど、結局コロナで帰国をやめて、コロナ後になってから3年連続で日本に帰ってるね。

おとんさん：数カ月、日本にいるようにしたきっかけってなんやったっけ？

おかんさん：行くならちゃんと行きなさいって私が言ったから。できるなら長い方がいいし、うちの親も大歓迎だったし。そして、やっぱり大阪の小学校でお友達もできるから、娘たちの大阪弁とツッコミがめっちゃ上手になっていてびっくりさせられるわ。

おとんさん：俺も在宅勤務ができていたから、おかんさんの実家から仕事ができたし、お姉ちゃんたちが学校に行っている間は、てらは保育園に通っていてすごく良かったな。

おとんさんの幼少期から おかんさんとの馴れ初め

日本の大学で働いていたおとんさん 実は日本語の試験をカンニングしていた!?

おかんさん：おとんさんは、てらと同じでお姉ちゃんが2人いてんねんな。

おとんさん：小学校2年生まではすごく賢かったのに、3年生になった頃にもう少し社交性を身につけたいなと思ってから勉強が二の次になってしまって、成績も落ちてしまった（笑）。授業中も調子に乗って、みんなを笑わせるのが好きだったし、そればかりに夢中になりすぎて勉強がおろそかになり、成績が落ちてしまったよね。家に帰ってきてからも宿題なんてやる気が全く起きなくて、まるではりと一緒（笑）。

おかんさん：うちら2人とも頑張り屋じゃないから、はりはどちらにも似てるんだけど、れんは一体どこの遺伝子なんだろうって思うくらいやな（笑）。

おとんさん：俺は宿題終わったよってウソをついて出かけては、夕飯の時間まで友達といっぱい遊んで、しっかり食べてしっかり寝るっていう毎日を送っていたよね。宿題は学校に行くバスの中でやるっていうめちゃくちゃな子どもだった。それが高校くらいまで続いていたな。

おかんさん：そんな子がなんで日本語を勉強したん？

おとんさん：今、れんもやっているように、中学で外国語の導入のような授業があって、当時は生徒が自分で選択できるわけではなく、学校が決めていたんだよね。それで俺は日本語になって。その頃は別に日本語が好きでもなかったし、このまま続けたいなと思っていたわけではなかったけれど、高校に入って第二外国語を選択するときに他の言語よりは日本語を少しわかるから、頑張ってみようかなと思って、高校2年から3年間続けたんだよ（アメリカは高校が4年）。でも最初の1年目は成績が悪すぎて、カンニングをすることに決めた（笑）。テスト前にカンニングシートを作って、テストにはポケットのあるシャツを着て行って、チラチラ見ながらやっていたわけなんだけど、先生にばれてめっちゃ怒られた。

おかんさん：先生から親にも言われたの？

おとんさん：謝罪文を書かされて、そこに親のサインをもらってきなさいって言われたんだけど……。

おかんさん：まさかお姉ちゃんに頼んだんちゃうん？

おとんさん：お姉ちゃんになんて頼めないよ！ 代わりに字の綺麗な友達に頼んで、そのときは大丈夫だったんだけど、結局その事件の2年後に親にバレた（笑）。学校で先生との面談か何かがあったときに、先生が「あんな事件があったけど、今じゃ日本語が上達しましたね」って言って。お母さんはその場で話を合わせていたけれど、家に帰ってめっちゃ怒られた。

おかんさん：子どもたちには言われへんやん（笑）！

おとんさん：でもその後、あるときカンニングシートがなくても日本語のテストができることに気づいたんだよ。カンニングシートを作るときに、実はそれが勉強になっていたんだね。「カンニングシートがなくてもできるんだ」って気づいたときは自信にもなったけど、そんなことをしていた自分に失望したよ。結局3年続けた日本語は、成績もぐんと上がって、そこでやっと興味を持てるようになった。そうしたら先生が、「君は日本語を頑張ってきたんだから、将来、何かのキャリアに活かせるといいね」と言ってくれて。

おかんさん：それで日本語の強い大学に入ったんやな。

おとんさん：そう。インディアナ州では日本語や日本文化など「Japanese Studies」という科目ではトップの大学に通い始めたんだ。当時は日本語だけを勉強したかったけど、日本のカルチャーや歴史、宗教など多方面から日本を知っていかないと本当の意味での日本語の勉強にはならないということで、さまざまなことを学ばせてもらったよ。そして、そこの学科の学生は日本の大学への交換留学プログラムに参加することが必修科目だったんだけど、大学が提携している日本の大学は関東の大学ばかり。俺は田舎者だったし、当時いろいろな友人から「お前は東京に行っても慣れずに帰ってくることになるから、関西の大学がいいんじゃないか？」って勧められて（笑）。それで自分で留学先を探して、立命館大学に1年間留学することにしたんだ。

おかんさん：そうやったんや！　ちゃんとは知らんかった（笑）。

おとんさん：1年間の留学期間が終わった後はアメリカに戻って、留学前まで通っていた大学を卒業。

おかんさん：それでまた日本に行ったんでしょ？　なんで行こうと思ったん？

おとんさん：日本語を話すことはできるけど、まだキャリアに活かすことはできないって自分でわかっていたから、もうちょっと日本に行って、もし就職できたら、仕事をしながら日本語力を向上させられるかなって思って、大学時代のツテを頼りに立命館大学に就職した。

きっかけはSNS アプローチはおとんさんから

おとんさん：当時、立命館大学は新設の学部を準備している時期で、海外から教員の採用をしていたから、俺は先生へのインタビューや採用までの手続きを行ってたんだけど、新学部がスタートしてからは、外国人の先生のフォローや日本での生活の手伝いをしていたね。学校の事務員と外国人の教員の間に入って、通訳や翻訳をしていて、理想としていた日本との架け橋になるような仕事ができていた。そしてその頃に、おかんさんと「フレンドスター」っていうソーシャルゲームサイトを通して出会ったよね。俺が学生のままだったら付き合ってはくれなかったでしょ？

おかんさん：そんなことないよ。私も当時は留学先のアメリカから戻ってきた頃で、英語を話す相手がいるといいなと思っていたし。

おとんさん：関西に住んでるアメリカ人を検索しようと思ったら、たまたま日本人のおかんさんのプロフィールが出てきて、俺から連絡をとってメールを交換してな。

おかんさん：何度かやりとりをしているうちに、日本に戻ってきて一番何が恋しいかって話をしたときに、当時は「日本には美味しいメキシカンフードがないね」ってなって、一緒に食べに行こうと会うことにしたんよな。

おとんさん：おかんさんは日本に帰ってきて、英語を話す機会が減っているだろうから、「英語を話しながらメキシカンフード食べましょう」って言いながら、実はアピールしようと思ってたわ（笑）。

おかんさん：実際に会ってみたら、２つ年下だからか「若いな」って思ったな。

おとんさん：俺が飲み物をこぼしてしまったし、その頃はベビーフェイスだったから「若いな」って思われていただろうなって思ってたよ。その日は失敗したと思ったし、もう連絡が来ないだろうなって後悔してた。もう会えないだろうなって。

おかんさん：私は英語が話せる人が誰かいた方がいいなって思ってたわ。

結婚の決め手はプロポーズがなかったこと

おかんさん：結婚したときの話やプロポーズを知りたいってコメントをいただくことがあるけれど、アメリカの人って「お付き合いしてください」のようなことは言わないねんな。私はアメリカに留学していた頃にも、別の方とお付き合いしていたことがあったから、それはわかってたんやけど、何回目かのデートのときにおとんさんから「お母さんにガールフレンドができたって伝えといたから」って言われて、「あ、この人付き合ってるって思っているんや」ってそこで初めて気づくという(笑)。

おとんさん：そうだったな(笑)。

おかんさん：結婚はおとんさんがアメリカに帰るのがきっかけだったな。

おとんさん：立命館大学で3年働いた後、京都大学大学院に入って修士課程を終えたけど、いずれはアメリカに帰りたいなと思っていたんだよ。もし日本で就職してしまうとなかなか戻れなくなってしまうので帰ろうと思ったけど、別れたくはないなと思って。

おかんさん：皆さん、知りたいか知りたくないか、わからへんけど、プロポーズもなかったんよな（笑）。でもこれね、言っておきたいんやけど、よくあるひざまずいてプロポーズなんてことをされていたら、「嫌です」って言っていた可能性があったから、なんとなくで結婚してよかったよ。なんかむずがゆいというか、わかるか？

おとんさん：基本的にサプライズが嫌いだよね。でも2人きりのプロポーズだったら、そういうことされてもよかったんでしょう？

おかんさん：ちょっと勘弁していただきたい（笑）。いやいや、あれでよかったね。「アメリカ帰ろうと思うから結婚しましょうか？」「じゃあついていきましょうか？」「それならビザ取ってみましょうか？」みたいな。全然ドラマチックじゃないな。でも皆さん、これがアメリカ人の一般的なプロポーズではないのでね（笑）。

おとんさん：レストランとかでひざまずいてプロポーズしたりしている人多いよな。SNSでもよく見るし。

【自己紹介＆質問コーナー】アメリカ在住、バイリンガル家庭｜国際結婚：父と母の馴れ初め｜母は顔出さないの？｜3姉弟の名前の由来は？｜Family Member Introductions and Q&A

おかんさん：それでいざ結婚してアメリカへ行ったら、「指輪買っといたよー」って言って、投げてきて（笑）。「アメリカでの生活に不安はなかったですか？」と聞かれることもよくあるけど、留学をしていたから、ためらいはなかったし、「また戻るんや」って感じやったな。

YouTubeでは明かされていない知られざるおとんさんの秘密

初来日は大量のスーツケースと共に

おとんさん：友人の勧めで関西の大学に留学し、そのまま就職して京都大学の大学院まで通ったけれど、結果的に関西で良かったなって思ってる。京都はとても住みやすくて、自転車があればどこにでも行けるし、都会のような場所もあれば田舎もある、海は天橋立の方までいかないとないけれど、近くに山もある。本当になんでもある場所だった。外国人同士で飲みたいときには、大阪の外国人が集まるクラブに行ったりもしていたよ。

おかんさん：そういえば日本に初めてきたときに、スーツケースをめっちゃ持って動かれへんくなったんよね？

おとんさん：当時、立命館大学は留学生一人に対して、身の回りのお世話をしてくれる学生を一人つけてくれて、健康保険の加入の仕方や銀行口座の開設方法など、日本生活のことをいろいろお世話してくれていたんだけど、その子が「関西空港から京都までは、特急はるか号に乗るといいよ」って言ってくれたのに、自分一人でやるって決めていたのとケチってしまって、はるかに乗らずに向かったんだよね。「自分で行けるから大丈夫」って過信してしまって（笑）。でも、スーツケースを5個くらい持っていて鈍行を乗り継いで行くのはすごく大変だった。

おかんさん：迷惑な客やな（笑）。

おとんさん：でも今思えば、人生で数回しか電車に乗ったことのない俺が、そんなの行けるわけないやんか（笑）。

おかんさん：乗り換えもわかるわけないやろ。

おとんさん：鈍行にスーツケースを持って乗っていいかもわからなくて、当時はまだカタコトの日本語だったから、駅員さんに「スーツケースを持ち込んでいいですか？」と聞きたかったのに、「スーツケース持ってもいいですか？」というようなおかしなことを聞いてしまって。そしたらスーツケースを持ってホームまで一緒に階段を降りてくれて。大変な一日だったよね。

おかんさん：結局、辿り着けたんよな。

おとんさん：その後、日本語の勉強を頑張って話せるようになったから、今ではその言葉の間違いもわかるけれど、そのときは必死だったし、荷物を運ばせてしまった駅員さんに申し訳なかったなと思うよ。高校の頃、先生に「日本語をキャリアに活かしたらどう？」と言われたときは、日本に英語を教えに行きたいなと思っていたけど、留学中に英語を教えてみて、自分には向いていないのがわかった。もっとビジネスの場で活かしたりしたいと思って、今は日系企業で働いているけれど、プレゼンテーション資料の翻訳をしたりするくらいで、日本語をあまり活かせていない。ただ使いたいっていうだけなら、いくらでもできるんだけど……。

おかんさん：日本からの駐在員の人たちとのお喋りやろ？

おとんさん：駐在員の人はいっぱいいるから、話すだけならいくらでもできるけど、練習するために話をするとかではなく、本当はもっと日本語を活かせるような部署に異動したいし、逆駐在も希望してたんだけどな。

おかんさん：前は面接ぐらいまで進んでいたんやけど、選考漏れしてるな。

おとんさん：もし逆駐在が決まったら、WHTファミリーにとっては面白いことしかないから万々歳だな。2021年から3年連続で一時帰国して、子どもたちには日本の生活や学校を味わってもらっているけれど、もし逆駐在や転職をすることになって、もし日本に住むことになったら、子どもたちも大丈夫な気がする。

おかんさん：はりの成績がどうなるかがわからないけどね。もしかすると、ついていけない可能性もあるけれど、一時帰国のときに日本の学校に行ったのはすごく良かったわ。

おとんさんは実はドラマやCMで活躍した俳優だった

おかんさん：京大の大学院を受けるときって、TOEFLを受けなさいって言われたんよね。満点取ったんだっけ？

おとんさん：満点取るネイティブなんていないんじゃない？　俺も非ネイティブの発音だとかなんとかって書かれていたよ。受ける前に学校に「俺、ネイティブですけど？」って何回もアピールしようと思ったけど、「僕、ネイティブですよ」で合格にしていたら、本当はネイティブじゃない外国人がみんな受かることになってしまって、授業についていけないなんてことになるから、条件として入っているなら受けるのは当然なんだけどね。

おかんさん：その頃、京大の学費を払うために俳優の仕事をしてたんやな。

おとんさん：親に言えばきっと出せる分は出してもらえたと思うけど、自分で大学院に進むことを決めたからには、学費も自分で責任を持たないといけない。大学院では研究もやっていて、その時間を確保するために短時間で稼げるバイトをしようとなると俳優の仕事だったんだよね。モデルの仕事もしていたけれど、それは数件しかなくて、俳優であれば白人の俳優を募集しているところが結構あった。一応、エージェンシーに所属して、仕事を探してもらっていたけど、普通は仕事の内容を聞いてから決めるのに、俺はまずギャラの確認をしていたね。

おかんさん：はりの誕生日パーティーで、一度出演した作品の上映会をしたことがあったよな？

おとんさん：当時はまだ若かったからか、「あれって本当にお父さん？」って言ってたな。

おかんさん：前にコメントで「おとんさんはCMに出ていましたよね？」って書かれたこともあったで。

おとんさん：すごく昔のことだし、関西限定のCMだったのに見つけた人すごいな。

おかんさん：そういえば、当時うちのお父さんも言ってたわ。「あのCMに出ているやつ、お前と結婚したいって一回会ったことあるあいつちゃうんか？」って（笑）。

この先のWHTファミリー・WHTチャンネルの未来

理想は2人仲良くラスベガスで二拠点生活

おとんさん：将来は俺が定年になって退職をすることになったら、ラスベガスに一緒に住みたいと言っていたけど、夢は変わった？

おかんさん：ラスベガスは暑いからね（笑）。やっぱりラスベガスへの移住ではなくて、オハイオとラスベガスの二拠点生活。ラスベガスにセカンドホームを持ちたい。こっちの冬は寒すぎるからね。あんたは何か将来の夢はありますか？

おとんさん：ちゃんと俺についてきてや！ 逃げるでない！ てらが学校を卒業して自立したら逃げそうだよね（笑）。それは冗談でも、何かをしたいというよりも、面倒くさい夫にはなりたくないな。

おかんさん：あれやろ？ 定年してから何もしてないで、「ところで飯はどうするんだ？」とか口を出しているだけの夫。あれにならないように意識しているんやろ？

おとんさん：アメリカは全体としての離婚率が高いけれど、日本は定年を迎えてからの離婚率が高いよね。とくに50代以上の熟年離婚が多い印象がある。仕事を辞めても仕事の話しかしないとか、過去の栄光にすがったような話をしたり、自慢話しかしないような男にはなりたくないな。目標がそれでいいのかどうかはわからないけれど、より良い旦那になっていたいと思うよ。

おかんさん：10年後のWHTチャンネルはどうなっていると思う？

おとんさん：れんは、スピンオフチャンネルを持ったり、自分の個人チャンネルを持ったりして、もうWHTチャンネルからは卒業。さよならやな（笑）。個人で管理して個人で出演して、もちろん俺たちはれんのチャンネルには出ない。はりは、よく自分で言っているけど、ASMRとかゲーム配信とかをやりたいって。

おかんさん：たしかに、はりが一番インフルエンサー向きな気がする。ライブで視聴者さんとお菓子でも食べながら話している姿が想像できる（笑）。でも、WHTチャンネル自体は10年後もちょこちょこ配信しているんじゃないかな。

おとんさん：もしかしたらWHTチャンネルは「てらチャンネル」になっているんじゃない？

れん＆はりが

COLUMN

視聴者さんの質問に答えます！

―PART 2―

Q 何をしているときが一番楽しいですか？

Wren's Answer

マンガを読んでいる時が
一番楽しいです。マンガを
読んでいて話しかけられると、
嫌な気持ちになる。

お人形
あそびです。

Hallie's Answer

Q 将来どんな人と結婚したいですか？

Wren's Answer

うわきのしない人や
やさしい人と将来
結婚したいです。

かっこいい人です
(やさしい人も)

Hallie's Answer

Q アメリカの学校と日本の学校、それぞれのいいところを教えてください。

Wren's Answer

アメリカの学校のいい所は
授業中に水筒の水をいつでも
飲んでもいいからです。
日本の学校 のいい所は
休み時間が長い所です。

アメリカの学校の
いいところは、
おかし時間をくれます。
日本学校のいいところは、
休み時間があるからです。

Hallie's Answer

第3章

子育て、家族、アメリカ生活……

気になるあれこれにおかんさんが答えます！

インスタグラムを通して私たちWHTファミリーへの
質問を募集しました。
YouTubeやSNSでは紹介していない
家族のこと、子育てのこと、アメリカ暮らしのことetc.
皆さんの疑問に家族を代表して私・おかんさんが答えます。

おかんさんについて

AQ おかんさんはどうやって英語を勉強しましたか？

英語は留学をして勉強した感じですが、そもそも英語は好きではなかったんです。元々勉強が好きなタイプではなかったので、今でもスペルが弱くて、間違っているとよく言われます（笑）。どんな教科も70点をウロウロしていて、大学で学びたいこともなさそうだから、留学でもして英語を身につけた方がいい、と留学を勧めてきたのは両親でした。当時は留学ブームだったこともあり、ハワイの語学学校に通い始めました。そこから半年ほど経って、ＴＯＥＦＬという試験で何点以上取ったら（当時は５００点だったかな？）大学入学が可能になるというのを知り、テストを受けてラスベガスの大学に行きました。

留学中は、アルバイトができなかったので、学校の授業と日々の生活の中で英語を身につけていった感じです。最初は全然わからなかった英語が少しずつわかるようになっていって、「先生の言っていることがわかる!」と気づいたら、勉強するのがどんどん楽しくなりました。

Q おかんさんが英語を好きになったきっかけは?

A 英語を好きになったのは、ハワイに留学したことがきっかけです。元々そんなに英語を好きではなかったんですが、でもやっぱりアメリカに行ってみると異文化を知るのが楽しくて、そこからいろんな人と話すのが楽しくなりました。話すことでいろいろなことを知ることができるし、話すことでもっと英語ができるようになると思うんです。外国語はたくさん会話をすると、いろいろな単語を覚えられるし、耳が慣れるようになるので、もっともっとできるようになると思います。もし英語を勉強しているという方がいらっしゃったら、ぜひ怖がらずにたくさん話してみてください。

Q 仕事を辞めてアメリカに行くのは悩みましたか？

A 留学から帰ってきて25歳から8年ほど日本で働いたので、やりきったなという思いがありましたし、次のステップに行きたいなと思っていました。結婚するためにアメリカに行くので夫がそばにいましたが、1人でアメリカに行くとなったらまた違っていたかもしれませんね。

Q 日本に帰りたいと思うことはありますか？

A アメリカに長年住んでいるので、日本には2、3年に一度くらい帰ればいいかなという感じで、そんなに頻繁に帰りたいと思わなくなりました。

Q 明るさやポジティブさ、強さなど、おかんさんのキャラになるための秘訣は?

A

上手くいったときのことを考えるというのが大事かもしれません。元々、暗くなったりネガティブ思考ではないのですが、どんなことがあってもあまり物事を引きずらないようにしています。ただ引きずらなさすぎて、過去のこともあまり覚えていません（笑）。

今回、本のためにいろいろと昔のことを思い出す作業をしたのですが、まあ覚えていないこと！おとんさんの方がよく覚えているんですよね。記念日や昔の出来事を覚えていないので、「そんなことありましたっけ?」と言うことが多いんです。でもそれが気楽でいいんだと思います。

Q おかんさんのストレス発散法を教えてください。

A

私はあまりストレスを感じるタイプではないんですが、もしストレスが溜まったら、何かイライラした原因のものをコテンパンにやっつけるような妄想をするといいと思います。例えば、子どもといるのってとても楽しいんですけど、小さい子は言うこと聞かないときもあるじゃないですか？　そういうときは、子どもを捕まえて頭をグリグリグリーってする妄想をするとか（笑）。本当にやったらダメなことなのでもちろんやりませんけど、子どもに手が出てしまう親御さんの気持ちって、親ならみんなわかると思うんです。だからこそ手を出す前に、そうした妄想をしてみるのもいいかなと。意外と気持ちがリセットされて、ストレス発散になりますよ。子どもが泣きわめいて辛いときは、トイレでもキッチンでもいいので、その場を少し離れるという人もいると聞きます。妄想でもその場を離れるでもいいので、ちょっとしたことで気持ちが晴れるのであれば、やってみる価値はあると思います。

Q 日本とアメリカ、選べるとしたらどちらに住みたいですか?

A 最近になってからなのですが、日本とアメリカのどちらに帰ってもホッとするようになりました。どちらの国にもそれぞれ良さがありますし、どちらの国に帰っても安心するので、これはいいなと思っています。アメリカに住んでいる日本人の方の中には、アメリカ生活がすごく辛いとか、駐在の方でも病んでしまう方がいるというのを聞いて、そうなってしまうのはとても辛いことだなと思うんです。どちらに帰ってもホッとできるというのは、とても幸せなのかもしれません。

Q おかんさんにきょうだいはいますか?仲はいいですか?

A 兄と弟がいる3人きょうだいです。じゃれ合うほどむちゃくちゃ仲がいいわけではないですが、仲は悪くないと思います。

Q

おかんさんのスイーツのレシピを教えてください。

A

1 オートミールパンケーキ（5人分）

材料

・オートミールパウダー ……………………400g
・ベーキングパウダー ……………………… 20g
（お好みでプロテインパウダー無糖
を加えても可 ………………………… 30g）
☆卵…………………………………… 4個分
☆無糖ヨーグルト ……………………… 150g
☆豆乳（またはミルクでも可）…………200g
☆はちみつ（好きな甘味料でも可）…… 100g
（☆お好みでバニラエッセンス …………適量）
（☆お好みでチョコレートチップ
またはブルーベリー ……………………適量）

作り方

1.オートミールパウダーとベーキングパウダーをボウルに入れてよく混ぜる。
2.☆をほかのボウルに入れよくかき混ぜ、1に加えて混ぜる。
3.温めたフライパンに流し入れ、両面を焼いたら出来上がり!

※はりやてらは好き嫌いが多いので、最近プロテインパウダーも入れるようにしています。また時々ミキサーでペーストにしたほうれん草を入れたりもします。

2 オートミールチョコレートチップバナナマフィン（12個分）

材料

☆オートミールパウダー…… 400g
☆プロテインパウダー無糖 … 30g
☆ベーキングパウダー ……… 20g
・シュガースポットたくさんの
甘いバナナ ……… 2本（200g）
・バニラエッセンス ……………… 少々
・オリーブオイル ………………… 70g
・はちみつ（または好きな
甘味料でも可）………………… 80g
・卵……4個分
・豆乳（またはミルクでも可）
…………………………… 160g
・チョコレートチップ……好きなだけ

作り方

1.バナナを手でちぎってボウルに入れ、フォークで潰す。
2.1のボウルにオリーブオイルとはちみつ、卵を加えて混ぜる。
3.2に豆乳とバニラエッセンスを加えて混ぜる。
4.☆をすべて3に加えてよくかき混ぜる。
5.4にチョコレートチップを加えて、マフィンカップに分ける。
6.180℃に予熱したオーブンで20分くらい焼いたら完成!

※甘さ控えめなのでチョコレートチップの量で甘さを調節しています。

家族について

家族仲良しの秘訣はなんですか?

それぞれの時間を大切にすること。うちのリビングは、誰がどこにいようが何をしていようが、どこからでも見える造りになっているので、例えば、れんがキッチンで何かをしているときに、はりがリビングのソファに座って本を読んでいたとしても、どちらの様子もわかるんです。それぞれが何をしているかがすぐにわかるので、例えば誰かが読書に集中しているときには声をかけないでおくなど、過剰に干渉したり声をかけたりせずに、自分の時間を楽しんでいます。もちろん何かあればみんなで話したりもしますが、つねに一緒に遊んでいるわけではなく、自分の時間を持てることが仲良しの秘訣ではないかと思います。

2階へと続く階段がリビングにあり、家の中央に位置しているのですが、これが家を決めた大きな理由。玄関を入ってすぐのところに階段がある家はアメリカにも多いのですが、そういう造りの場合、親の顔も見ずに2階の自分の部屋に行けてしまいます。それでは思春期や反抗期を迎えたときに、親と話さなくなってしまうのではないかと思うのです。だから、絶対に私に挨拶をしないと2階に上がれない造りが気に入り、今の家を選びました。

Q 「これなら誰にも負けない」というところは？

A うちの家族はみんな声がでかいこと。私やおとんさんはもちろん、子どもたちも声がでかいんですが、強いていえば、はりはあまり声を張りません。声がでかすぎて、自分でもびっくりすることがあります。

Q 子どもたちの好きなところ、尊敬しているところを教えてください。

A れんは何に対しても意欲的なところがすごいなと尊敬しています。はりはとにかく優しくて、人にも自然にも優しくて、私にも優しい言葉をかけてくれるんです。私がべらぼうに怒ったとしても優しい言葉をかけてくれたり、私が「小ジワができてきた！」と言ったら、「大丈夫、おかんさんはかわいい」と言ってくれたりします。一方、れんは現実的ですから「そんなことない」と言いますが（笑）。てらは何もシェアしてくれないし、優しいか優しくないかで言ったら優しくはないですが、いてくれるだけで癒やしです。

Q れんちゃん、はりちゃん、てらくんがケンカをする理由で一番多いのはなんですか？

A

れんは我が家のポリスマンのような存在なので、てらがちょっとでも悪いことをするとすぐに捕まえられてしまうんです（笑）。れんは容赦ないので、私が全然気にしないようなことでも追いかけ回して、てらが逃げて。2人のことをトムとジェリーと呼んでいます。そんな2人をよそに、はりはどうでもいいという感じで、まさに真ん中の子という感じ。シャトレーゼホテルに宿泊したときの動画の中にもあったように、れんが持ってきたヨーグルトをそっと奪おうとするなど、てらはいつもちっちゃいことをするんですよ。てらがそういうことをしても私は別に気にならないし、どうでもいいと思うんですが、彼女にとっては許せないことのようで、「お母さんダメだよ、ちゃんと怒らなきゃ！」と言ってくるんです。

れんとはりはあまりケンカをしませんが、ケンカをしても取っ組み合いのようなケンカはせず、もっぱら口ゲンカ。私は3人きょうだいの真ん中で、兄と弟がいる男兄弟の中で育ったため、ケンカといえば取っ組み合いでした。しかし、れんとはりは「やめて！もう口きかない！」というようなかわいいケンカなので、微笑ましいです。これはXにもつぶやいたんですが、怒ったはりがれんに対して「はりはお姉ちゃんを呪い続けることにした！」って言ったことがあって、面白いなと思いました。

はりとてらもあまりケンカをしないんですが、こちらははりが上手にてらを手懐けている感じです。もし、てらが何かしても、はりはれんのように怒ったりせず、「もうてらくん嫌だー!」と言って私に助けを求めてきます。3人きょうだいでもそれぞれの関係性が異なっていて面白いですよね。

Q お子さんたちの食の好みがバラバラですが、子どもたちがよく食べているメニューが知りたいです。

A うちは一週間のうちにお米が続かないようにしています。お米、パスタ、タコス、パンのローテーションにしていることが多いですね。お米はれんが喜びますし、パスタにするとはりが喜び、パンはてらも好きなので、サンドウィッチやホットドッグにしたりしています。

おとんさんは食に対して文句は言わないんですが、一週間ずっとお米が続くのはやっぱり嫌だろうなと思うんです。何も文句は言いませんが、ピザの日はやっぱり喜ぶんですよね。アメリカ人にとってピザは日本人のおにぎりのようなもんですから、やっぱり食べたいんでしょうね。フローズンピザをオーブンに入れて、あとは野菜でも一緒に出せばいいので私もラクできますし。子どもの好みがバラバラというのもありますが、一応、夫にも気を使ってローテーションにしています。

Q てらくんのアレルギーへの対応はどうしていますか？

A てらのアレルギーについてはYouTubeの動画でも時々話しているので観てもらえるとわかると思うのですが、彼はナッツアレルギーがあります。

私はアレルギーに対して本当に無知だったので、いつかは治るんちゃうん？と思っていたんです。でもある日、てらの顔がものすごく腫れてしまったことがあって、そのときに「これはもしかしたら生死に関わるのかもしれない」と思い、アレルギーとしっかり向き合うようになりました。これまで私の周りにはアレルギーの人はいなかったので、考え方が甘かったし、本当に申し訳ないことをしたなと思っています。

今は食べ物に気を使うようになりましたし、エピペンも持ち歩いています。アメリカはアレルギーに対して対策が取られている方だと思うのですが、日本はまだまだそういう対策が取られていないところもあるので、日本に一時帰国をした際には食べるものに気をつけないといけません。

Q 日本から帰るときに大量に買って帰るものはありますか?

A 前回一時帰国をしたときには、おかきをいっぱい買いました。子どもたちは、おかきやおせんべい、スルメが好きなんです。和食よりも洋食派のはりもスルメが好きみたいで、ちょっと驚きました。

Q 長時間のフライトでの子どもたちの過ごし方や荷物について教えてください。

A

お菓子やタブレットなど、自分で持っていきたい荷物はそれぞれに持たせるようにしています。てらにもそうさせています。スーツケースは一人2つは預けられるので、最低6つは持っていっています。

子どもたちの機内での過ごし方は、ニンテンドースイッチを持ち込んでゲームをしたり、映画を観たりしていることが多いです。昔は読書をしなさいと言っていたんですが、もちろん言うことを聞くわけもなくて（笑）。てらの場合はまだ小さいので、飽きてきて歩き回ってしまうんですよね。なので一緒に機内を歩くようにしています。最近は機内の動画コンテンツも少しずつ楽しめるようになってきて、少しラクになりました。

【座席バラバラ！？】国際線で家族の席バラバラはイヤや、お願いエアカナさん！｜空港内ホテルは便利です｜朝食デカいな｜機内食は美味しいね｜ワンオペ日本一時帰国の旅【後編】

Q 子どもたちはカメラが回っていないときもおかんさんとは日本語で話しますか？

A 私と話すときは日本語です。私に英語で話しかけてくることはほとんどありません。たまに子どもたちが話す日本語がわからないときがあるので、そのときは「英語で言ってくれる？」とお願いすることもあります。おとんさんとも日本語で話していますが、英語で話しかけられたら英語で返しています。子どもたちの様子は、カメラが回っていてもいなくてもあまり変わらないですね。

Q 家の中での言語は子どもたちの年齢とともに変化していますか？

A 子どもたちは小さい頃はあまり英語が得意ではなかったんですが、やっぱりだんだんと英語が強くなってきていますよね。英語か日本語かという問題だけでなく、どちらの言葉にしても悪い言葉も覚えてくる年頃になりました。それに関してはおとんさんが厳しく叱るので、あまり使わないですね。

Q 将来、日本に移住や永住する可能性はありますか？

A これはやはりおとんさんの仕事が関係してきますので、おとんさんの仕事次第ですね。もし日本への駐在が決まったりしたら、日本に住むかもしれませんが、そればかりはわかりません。

Q 子どものために住む国や場所を変えることについてどう思いますか？

A うちの場合は、子どものために住む場所を変えることは考えないと思います。まずは父親の仕事が第一優先で、働く場所が変われば住む場所も変わりますが、おとんさんが仕事を快適にできることが優先です。

Q　おとんさんとの関係で大切にしていることはありますか?

A　お互い信じ合うことも大切ですし、一日に一度でいいのでお互いに笑い合える時間があればいいかなと思っています。毎日のことなので、実はできていなかったりしますが、ひと笑いできればいいなと思います。

Q　義父母との付き合い方はどのようにしていますか?

A　夫の両親はインディアナ州に住んでいるので、ちょっと離れているんですね。日本の方と比べてどうなのかはわかりませんが、義父母から「あれをしろ、これをやれ」と言われることもないんです。

れんがよく夫の母親（れんのおばあちゃん）とテレビ電話で話をしているんですが、私のやらかしたことや悪いことを全部話しているんですよ（笑）。「お母さんの今日のごはんは焦げているけど美味しかったよ」とか、言わんでええから！ということも逐一報告されてしまうんですが、それに対しても何も言わずに、本当に優しいんです。「なんでそんなに焦がしたの！うちの息子にそんな焦げたものを食べさせないで！」とか言いたくなりそうなものですが、そういうことも全くない。嫁に文句の一つも言わない義父母のようにならなあかんなと思います。

Q おかんさんのご両親がアメリカに来ることはありますか？

A コロナ禍になる前は結構来ていたんですが、コロナが落ち着いてからはまだ一度も来ていません。おじんちゃんは、1カ月くらいアメリカの家にいたときもあって、まるで住民のように過ごしていました（笑）。

子育てについて

Q お勉強が好きなれんちゃんを息子にも見習わせたいのですが、どうやって勉強好きに育てましたか?

A これは私たち親が勉強を好きになるように育てたのではなく、完全に生まれ持った個性です(笑)。彼女は勉強をゲーム感覚で楽しんでる感じがあって、自分で何か知識を得ていくというのが好きなタイプなんでしょうね。小さい頃からゲームが好きだったので、「これを頑張ったら、次にこんなことがわかりますよ」というような感じで教えたことはあります。「馬の鼻先にニンジン」ではないですが、そういうことをするとどんどん頑張る子なんです。だからといって、はりに同じようにしたところで、あちらさんには全く響かなかったんです。姉妹だからといって同じ手法が上手くいくわけでもなく、嫌がることをやらせてもダメなんですよね。これは私も勉強になりました。そして、これは3人に共通していることですが、嫌がることを無理強いしてもいいことなんて一つもない。無理やりやらせても、勉強をするようになるかっていったらなりません。ですのでそれはやらないようにしています。

Q 日本で子育てをしてみたいですか？

A 日本での子育ては楽しいと思いますが、やっぱり私たち家族の基盤はアメリカかなと思います。とくにはりは、日本だと生きづらさを感じてしまって、多分アメリカの方がいいと言うと思います。ただ、日本に一時帰国した際に、お友達同士で出かけたり、買い物に行ったりしたんですが、そういうことはアメリカではできないので、とても楽しかったようです。お金を持って自分でお店に出かけて、好きなものを買ってこられるというのは「自由」を感じるみたいですね。もし、もう少し大きくなって、子どもたちが日本の高校や大学に行きたいと言い出したら、そのときは考えたいなと思っています。

Q 日本で育てていたらどんな子どもになっていたと思いますか?

A まず家の中では英語で会話をしていたでしょうね。きっと私たちは英語を一生懸命教えていたと思います。れんはアメリカの学校でも日本の学校でも、どちらも対応できそうなんですが、はりはルールに縛られるのが嫌いなので、もし日本の学校に通うとなったら大変かもしれません。アメリカはいろいろなクラブに入ることができて、期間も数カ月と短いのですが、日本の学校で部活に入ることになったらなかなかやめられないんですよね。もしその部活が自分に合わなかったり、やめたいなと思ったときは、皆さんどうしているんでしょう?もし日本の学校で部活に入って、「やめたい」と子どもが言ったときには、私は「嫌だったらやめな」って言ってしまいそうです(笑)。

Q れんちゃんはもう少しで思春期になると思いますが、もう変化はありますか?

A

れんはまだないんです。もちろん機嫌が悪くなることはあるんですが、それは以前からなので、思春期が関係しているわけではないと思います。ただ、れんの周りの子を見ていると、思春期に入っているのかな?と思うような子が多いです。先日学校に行く用事があって、れんのロッカーに一緒について行ったら、お友達のロッカーのホワイトボードに「お母さん嫌い!」って殴り書きしてあったんです。やっぱり13歳くらいの女の子って思春期を迎えているんでしょうね。なので、れんもきっともう少しだと思います。

Q 今まで子どもたちがやってきた習い事を教えてください。

A うちはたいした習い事をさせていなくて、スイミング、ゴルフ、アート、ダンスくらいです。れんが小さい頃、ダンス教室に入れたことがあるのですが、他の子がダンスをしている中、れんは仁王立ちでした（笑）。てらはまだ小さいのでアート教室くらいですが、そろそろスイミングやゴルフに通ってもらいたいなと思っています。

【今季初ゴルフがつらかった】アメリカのゴルフ場へ｜ただの草原？！ゴルフ超初心者｜ホールが消えた｜バイリンガル｜Driving Range｜Golf Practice｜

Q 今までやらせて良かった習い事や遊びを教えてください。

A 年齢を重ねてもできるので、ゴルフを習わせて良かったなと思います。それから、日本語を早くから教えようという意図があったわけではないんですが、子どもが小さいうちから日本語で話しかけてきたことが、今となっては良かったなと思います。国際結婚をしている家族の中には、子どもが一つの言語しか喋らなくて、バイリンガルを諦めてしまう方もたくさんいるらしいんです。そう思うとうちの子どもたちは、完璧ではないにしろ英語と日本語を話せている方なのかもしれません。

Q 子育てでの失敗や、やらなきゃ良かったと後悔したことはありますか？

A れんのときは初めての子育てだったので、無理やりトイレトレーニングを始めたことを今でも後悔しています。オムツは2〜3歳で外れるものだと聞いたので、無理やりトイレトレーニングを始めたんですが、きちんとできないときやおねしょも多くて、自分も嫌になったし彼女もとても嫌だっただろうなと思います。オムツは取れるときに取れるので、無理強いはしない方がいいんだと気づきました。

Q バイリンガルは本人の努力も必要だと思いますが、ご両親はどのように英語と日本語を教えていますか？

A

英語については、アメリカに住んで現地校に通っているので、とくに教えていませんが、日本語に関しては毎週土曜日に日本語の補習校に通っていることが一番大きいと思います。あとは、間違った使い方をしていたら、すぐに正しい使い方を教えるようにしているのと、平日は毎日1時間、必ず日本語の勉強をするようにしていて、そこでわからない言葉が出てきた場合には教えるようにしています。ただ、日本語を話してくれるだけでもいいので、あまり厳しく「こうじゃない」「こういう言い方はしない」などとは言わないようにしています。日本語の勉強を続けて、たくさん話をしていく中で、「こういう表現や使い方はしないんだな」となんとなくわかってくるんじゃないかと思います。

れんとはりを日本語の補習校に通わせたのは、幼稚園の頃から。宿題がたくさん出るので必然的に家でも勉強をしなくてはならなくなり、毎日の勉強も私がやらせたというよりも、補習校のおかげです（笑）。てらももうすぐ通う年齢なのですが、一応面接があり、まだじっと座っていられないので心配です。

Q 出産時のエピソードを教えてください。

A おとんさんの誕生日が7月7日、私の誕生日が9月7日と2人とも7日生まれなので、れんも7日に産みたいと思っていたら6月7日に出てきてくれて嬉しかったのを覚えています。れんは、無痛分娩で出産予定だったんですが、陣痛がきたので病院に行ったら陣痛が引いてしまって。このまま家に帰されるかなと思っていたら、医師が「このまま産んでしまいましょう」と言うので、促進剤を打って出産することになりました。

れんを産んで1週間くらい経った後に、ものすごい量の出血があって、救急車で運ばれて輸血をせなあかんくらいになりました。胎盤が残っていたのかもしれないんですが、あのときは怖かったですね。アメリカは産んでから大体24時間程度で退院となるので、出産時に何もなければ一律で帰らされてしまうんですよね。

はりを産んだときは、計画無痛分娩だったのですが、何を思ったのか陣痛がどれだけ痛くなるものなのかを知りたくなって、麻酔の先生を呼ぶのをギリギリまで待とうと思ったんです。そしたらどんどん痛くなって、もう無理だと思って先生を呼んだんですが、結局先生が来たのが産む直前だったので、麻酔があまり効かないうちに産むことになりました。下半身がとれる感じで、どう考えてもあの痛みは無痛分娩ではなく普通分娩の痛みだったんじゃないかと思っています。

てらはお腹の中ですごく育つ子で、4300gくらいあったんです。とにかく大きかったので、産むときになかなか出てきてくれませんでした。てらも計画無痛分娩で産む予定で、病院から朝食を食べてこないでと言われたので食べずに行ったんですが、いきんでもいきんでも全然出てこないんです。朝ごはんを食べてきていないので全然力が入らなくて、しんどかったのを覚えています。しかも産んだ直後にカンガルーケアで胸に抱かせてくれるんですが、お腹が空いてるから「何か食べたい」しか考えていませんでした（笑）。4300gで結構重たいし、びちゃびちゃの状態のままのてらをずっと胸の上に置かれているんですよ。「早くこの子をあっちにやって、何か食べさせてください……」としか思っていなかったですね（笑）。その時間がものすごく長く感じました。

Q 子どもたちの名前の候補は、他にどんなものがありましたか？

A 昔のことなのであまり具体的には覚えていないんですが、ユニセックスの名前を候補としてどんどん出しましたね。それから、第一言語は英語になるので、英語の名前をつけようと思っていました。

れんは、産む前から女の子だと知っていたので、女の子の名前をつけたんですが、はりやてらは生まれるまで性別を知らずにいたので、ユニセックスで使える名前を考えました。同じような名前でも、男の子でよく使われるスペル、女の子でよく使われるスペルというものがあるので、スペルもそれぞれ考えて選びました。

Q 子どもを寝かしつけるコツはありますか?

A あんまり寝かしつけをしたことがないので、私に聞かない方がいいかもしれません(笑)。普段は、「寝てね」と言ってドアをパタンと閉めたり、一緒に寝る場合でも、部屋の明かりを全部消して寝るための雰囲気作りをするくらいです。自由気ままにゴロゴロしながら眠りにつく子もいると聞きますが、うちの子は体をくっつけると安心して寝るタイプなので、そこまで寝かしつけらしい寝かしつけをしていません。

Q 第一イヤイヤ期の乗り越え方を教えてください。

A 先ほどもお話ししたように、とにかく妄想で乗り越えてみてください！ 子育てはストレスを溜めないのが一番。親の心に余裕がないと、子育てなんてできませんからね。

Q 子どもが癇癪を起こしたときの対処法を教えてください。

A 家の中で癇癪《かんしゃく》を起こしたら放っておけばいいんですけど、外でやられたときはキツいですよね。その対処法は私も知りたいくらいです。対処法がわからないので、私の場合、いかに外で癇癪を起こさないようにさせるかを考えて行動している気がします。おとんさんは、もし外で子どもがギャーっと癇癪を起こしたら力ずくで抱き抱えて、車に連れて行ったりできますが、私はできないので、外で癇癪を起こす前に飴やスナックをあげたりして機嫌をとっています。癇癪を起こさせたら自分が負けです（笑）。

Q どんな気持ちで子育てに向き合っていますか？

A 自分も子どもっぽくいれば、気持ちがラクになると思っています。子どもと同じ目線で楽しくやれば、ストレスも溜まらない気がします。帰ってきたおとんさんに、私も含めて全員が怒られるときもあるんですけどね（笑）。

Q れんちゃん、はりちゃんに悲しいことや辛いことがあったときはどのように声がけしますか?

A

悲しいことや辛いことの内容をしっかりと聞いて、寄り添うことが大切かなと思います。2人とも悲しいことがあったと言って、学校から帰ってくることがあって、れんは最近、友達と揉めて悩んでいました。

具体的なエピソードになってしまうんですが、れんはテストでいい点数を取ったときに、親に話すように友達にも話してしまって、「あんたのことが嫌い」みたいな手紙をもらってしまったらしいんです。最初はなんとなく聞いていたんですが、だんだんとその子との関係に悩み始めてしまったので、れんと話し合って、友達に自分の気持ちをきちんと伝えようと言いました。そして「私たち親は、あなたが学校でいい点数を取ったり、上手くいったことを聞くのはとても嬉しいし、なんぼでも聞きたいけど、友達は友達といえどライバルかもしれないのだから、あなたが100点を取って嬉しいと言うのはやめなさい」と伝えました。点数を聞かれたら何点取ったよと答えればいいのであって、自分からひけらかさなくていいんだよと。

最近、れんは「いい点数取って言いたくなったけど、やめといたわ」と言っていました。こういうことを重ねて少しずつ大人になり、誰しもが自分の成功を喜んでくれる世の中ではないということを学んでいくことになると思いますが、彼女にとってはいい勉強になったと思います。

アメリカ暮らしについて

Q アメリカ生活で一番大変だったことや苦労したことは?

A これが一番難しい質問ですね。あんまり昔のことを思い出せないというか、苦労をあんまり苦労だったと思ってないというか(笑)。大変なことがあっても、笑いに変えてしまうことの方が多いんです。強いていうなら、結婚当初はお金がなかったので大変でした。夫の実家のあるインディアナ州に住んでいたんですが、部屋が狭く、ドライヤーも洗濯機もなくて、コインランドリーに通う生活をしていて、それは少し辛かったです。

Q アメリカ生活で「こんなことを教えてもいいの？」とカルチャーショックを受けた子育てエピソードはありますか？

A そういった出来事はあまりないのですが、アメリカのお菓子は着色料がすごいものがあって、あれを子どもに食べさせていいのかな？といつも思っています。生活水準の高い人から低い人まで、みんな食べさせていますからね。日本ではあまり見かけないようなどぎつい色のお菓子があるので、私は子どもには食べさせないようにしています。

Q 異国での子育ては怖くありませんでしたか？

A 留学していた時期も含めるとアメリカ生活が長いので、怖いとは思わないですが、毎年結構な人数の子どもが誘拐されているというのを聞いて、いつも気をつけねばと思っています。目を離した隙に子どもを見失うとゾッとします。

さらに日本でも同じだと思いますが、一人でトイレや公園に行かない、友達の家には無断で遊びに行かない、もらったものはすぐに口に入れない、知らない人にはついていかない、なども徹底させるようにしています。

Q アメリカでは小学校の入学式や卒業式はないのですか?

A ないんです。とくに入学式はないはずです。私もアメリカの小学校に通ったことはなかったのでわからなかったんですが、子どもたちの学校も入学式がなく、いきなり学校に行き始めたのでびっくりしました。れんは中学生になったんですが、小学校の卒業式はなく、グレードが変わったというだけでした。子どもたちだけで小さなパーティーのようなものをしたらしいんですが、卒業式はなかったですね。式典っていいところもあれば、洋服を揃えたりもしないといけないし、大変やなって思います。大学の卒業式はすごいのに面白いですよね。

Q おかんさんと子どもたちはアジア人差別を受けたことはありますか？

A

今までのアメリカ生活を思い出してみたんですが、差別を受けたと感じたことがないんですよ。ＹｏｕＴｕｂｅなどで「差別を受けました」というような動画を上げている人を観たことがあるのですが、自分に置き換えてみてもないんですよね。私が単に気づいてないだけなのかもしれませんが（笑）。

差別ではないんですが、怒られたことはあります。ドライブをしていたときに、住宅街の中ではスピードを落として走らないといけないところを、スピードを落とさずに入ってしまったことがあって、そのときに怒られましたが、それは差別でもなんでもなく私が悪かっただけなので。こんな私もいますので、アメリカに来たら差別をされると思わないで、皆さん、アメリカへ遊びに来てください！

Q　病院で英語がわからなくて困ったことはありますか？

A　これは結構ありますね。でもわからなかったら、とりあえず聞くようにしています。「私、わからないんです」と言うと、先生もちゃんと教えてくれるんです。ただ、全部をしっかり聞くかというとそうでもなくて（笑）、これはなんとなくでいいかな、これはしっかり聞いとかないとやばいなという境界線があるので、聞いとかなあかんなというときは、必ずわかるまで聞くようにしています。

【アメリカで末っ子長男、手術を受ける】病院では英語で質問いっぱいされて母クタクタ｜気になる請求額とは？！｜そもそもなぜ彼は臍ヘルニアになったのか？

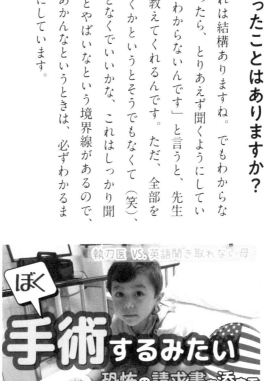

Q

アメリカにもご近所付き合いはありますか？

A

アメリカのご近所付き合いは結構ドライなんで、すれ違ったら挨拶をする程度でそれ以外はとくに関わりがないんです。引っ越しの挨拶もありませんし、町内会のようなものもありません。変に気を使わなくていいのでラクですね。

Q

アメリカでのママ友の付き合い方を教えてください。

A

アメリカにもＰＴＡほどではないですが、親の活動が一応あります。ただ、日本と違ってやりたい人がやっています。全員が無理やり参加させられるのではなく、自主的にやりたい人がたくさんいて、率先してやってくれている感じです。その代わり、やらない人がいても何も文句は言われません。ボランティアでやっている感じなので、揉め事が起きにくいのかもしれませんね。

YouTubeについて

Q チャンネル名の由来を教えてください。

A 子どもたちの名前の英語表記Wren、Hallie、Taylorの頭文字をとってWHTチャンネルにしました。この名前にしよう!とすぐに頭に浮かんでつけました。

Q 1本の動画を編集するのに、どのくらい時間がかかりますか?

A 意外と長くて、大体3週間ほどかかっています。なのであまり頻繁に動画をアップできないんです。もうちょっとたくさん動画を作って、商売っけを出した方がいいと思うんですが、こだわりもありまして。いつ動画を編集しているのかは、

2ページの1日のタイムスケジュールを見ていただければわかると思います。

Q YouTubeの動画クリエイターとしてのこだわりはありますか？

A 強いていえば、おとんさんとよく話しているのは、英語を教える動画は作らないということ。それよりも英語を知りたくなるような動画になればいいなと思いながら作っています。さらには、観てくれている方に楽しんでもらえたらいいなと思っています。大学でメディアアートを学んだり、高校時代に演劇をやってきたのがなんとなく生きているし、良かったのかな？と思います。

Q YouTubeでこれからどんな企画を撮影したいですか？

A

今までで一番再生された動画が『【バイリンガル検証】英語ばっか喋るんか？父は日本語も出来るぞ！』だったので、日常の様子と企画の中間くらいのものが一番ウケがいいんだろうなと思っています。ミスタードーナツやくら寿司に行った動画もわりと人気だったので、そういうものがいいかなと思います。サブウェイに行く前におとんさんと子どもたちで注文の練習をしたときの動画も好きと言ってもらうことが多いので、ああいう企画もまたやりたいですね。

Q

YouTubeをやっていて嬉しかった出来事はなんですか？

A

YouTubeを始めた当初は、ここまでたくさんの方に動画を観ていただけるとは思っていなかったので、今こうしてたくさんの方に動画を観てもらえて、チャンネル登録してもらえて、温かいコメントを残していただけて、とても幸せで感謝をしています。たくさんの方に観ていただいているだけでも幸せなのに、羽田空港でたくさんの視聴者さんにお会いできたのも嬉しかったです。

れん＆はりが　COLUMN

視聴者さんの質問に答えます！

—PART 3—

Q 一番好きなアニメは何ですか?

Wren's Answer

私の一番
好きなアニメは
ワンピースです。

Hallie's Answer

鬼滅と、
ワンピースです。

Q 日本語と英語、どちらが自分の思っていることを伝えやすいですか?

Wren's Answer

日本語の方が
気持ちが伝わり
やすりと思います。

Hallie's Answer

どっちもです。

Q 10年後のWHTチャンネルはどうなっていると思いますか?

Wren's Answer

十年後私は二十二さいです。
十年後には、30万人ぐらいまでは
たっ成していると思います。
それまでには、お母さんの手伝いも
いらないぐらいは成長して
いると思いたいです。

Hallie's Answer

あたしは18才。
そして たぶん
100万人行って
そうです

第4章

子どもたちを代表して

長女・れんがさまざまな質問に答えます！

YouTubeのことや学校のこと
日本やアメリカ、両親のことなど気になるあれこれについて
子どもたちはどう思っているのか
私たち親も知りたいところ。
子どもたちを代表して長女・れんに答えてもらいました。

視聴者のコメントが原動力
YouTubeを始めて良かった

――YouTubeを始めてどうでしたか？

れん：YouTubeを始めて良かったと思います。私は、褒められるとめっちゃ頑張るタイプで、たまにコメントをチラチラ見ているんですが、いいコメントや褒めてくれるようなコメントが多いので、ポジティブな気持ちになれる感じがします。逆にネガティブなことを言われると、めっちゃネガティブになるんです。視聴者さんのいいコメントが、YouTubeを頑張れるきっかけになります。お母さんは、テレビに出ているような有名なYouTuberさんのことを観て、自分も始めてみようと思ったんだと思いますが、今ではやって良かったなって思います。

――YouTubeの動画の中では、いろんな方に声をかけられていて、先日もカナダ・バンクーバーの空港で声をかけられていましたが、視聴者さんに声をかけられるのはどうですか？

れん：声をかけるのは勇気が必要なことだと思うんですけど、それでも声をかけてきてくれるってことは、WHTチャンネルを観てくれていて、本当に好きでいてくれるってことだと思うので嬉しいです。

——動画を撮る中で、これは大変だなって思うことはありますか？

れん：お母さんが写真撮影をするときに、「ちゃんと目も笑っていないとダメだよ」と言うんですが、それがちょっと苦手なので、サムネイルの撮影をするときが苦手です。

おかんさん：私は、動画だけでなく写真にもこだわりがありまして……。

——その他に何か大変なことってありましたか？

れん：動画を撮影しているときに、急に言葉に詰まってしまって、何も話していない状態になってしまうことがたまにあって、それで撮り直しになることがあります。

【座席バラバラ！？】国際線で家族の席バラバラはイヤや、お願いエアカナさん！｜空港内ホテルは便利です｜朝食デカいな｜機内食は美味しいね｜ワンオペ日本一時帰国の旅【後編】

おかんさん：そんなことあったかな？

れん：オープニングの撮影のときに言葉に詰まったりすることがあります。オープニングはお母さんが台本を作ったりもしますが、たまに「やっぱりこう言って！」とセリフを変えてきたりもするので、すぐに直さないといけないし、その切り替えが大変。

おかんさん：皆さん、誤解をしないでください。セリフがあるのはオープニングだけですからね！動画の中のセリフを「こう言って」なんて一回も言ったことないですから。うちの子らはそんなこと言っても何もできませんからね（笑）。

――たまにオープニングが寸劇のようになっているときがありますが、ああいうものは誰の発案なんですか？

おかんさん：あれはですね、元々私とおとんさんは高校の頃、演劇部だったということもあって、ああいうのが嫌いではないんですよ。なので2人で作ったりしています。

――それをやろうと言われて、れんちゃんはどう思いますか？

れん：将来の夢がニュースリポーターになることなので、ニュースをリポートするようなオープニングのときには楽しいし、やりたいなっていう気持ちになります。

実はお化けが苦手
一時帰国の思い出はテーマパーク

――夏には日本に帰っていましたが、何か楽しかった思い出はありますか?

れん：いとこと一緒に初めて東京ディズニーシーに行ったことです。私はアトラクションはスリルのあるものが好きで、高いところから落ちるようなジェットコースターとか、ぐるぐる回るジェットコースターが結構好きですが、お化け屋敷のように怖いものが飛び出てくるような乗り物は苦手です。「海底2万マイル」は不気味なところがあるのでちょっと苦手でした。

――不気味なものやお化けのようなものが苦手なんですね。

れん：この間、京都の東映太秦映画村に行ったときにお化け屋敷があったんですけど、怖いのが苦手だから入れるかな?って悩んでいたところで、小さい子が列に並んでいました。だから「あ、いけるかも!」と思って入ったんですが、入ったらめっちゃ怖くて。いとこと一緒に入ったんですけど、やっぱり大人と一緒じゃないとダメだと思いました。その日の夜は眠れなかったです。もうすぐハロウィンがあるんですが、ＹｏｕＴｕｂｅのエピソードにも出てくる近所の怖い家の前も通りたくないと思っています。

――あそこには毎年行ってますよね。

れん：毎年行っているんですけど、今年はどうしようかなって思っています。友達ともハロウィンパーティーをやろうかと話しているんですが、それも楽しめるかどうかわからないので悩んでいます。

――れんちゃんは英語だけでなく、どうやって日本語を勉強しているんですか？

れん：小さい頃からお母さんが日本語で話しかけてきていたので、日本語を理解できるようになりましたが、日本語の補習校に通って勉強をしています。小さい頃は日本語しかわからなかったから、幼稚園に入っても英語が全然わからなくて、テストが全然できませんでした。多分、今のてらくんよりも英語ができなかったと思います。だ

【3姉弟ハロウィン】コストコ買い物｜ヨーダよThank You って言ってくれ！｜コスチュームの気になる総額｜Halloween｜Costco｜Trick or Treating in the U.S.

から幼稚園の頃は友達ともあまり会話ができなかったけど、今でも仲良くしている友達が1人います。その子とずっと仲良くしていたいので、このままお互い引っ越さなければいいなと思っています。

——日本語の勉強は楽しいですか?

れん：日本語の勉強は楽しいけれど、国語が一番苦手。英語も苦手です。他の教科は好きだし、わりとできるんですけど、日本語と英語はどっちもできないんです。国語は音読がとくに苦手です。

手抜き料理でも美味しい おかんさんとおとんさんが作るもの

——ガムの味を当てるクイズのようなコンテンツをやりたいと話していましたが、動

画の中で何かこれを食べてみたいというのはありますか？

れん：行ったことのないレストランに行ってみたいなって思います。あとはどこにでもある有名なファストフードのハンバーガーのお店にも行きたいと思っています。

――それはなぜですか？

れん：日本でもアメリカでもあまり行ったことがなくて、そのことを言うと友達に「え、やばくない？」と言われることがあるんです。とくにアメリカでは、みんなそういうお店に行くのは当然と思っているので、みんなが衝撃を受けるみたいです。

――そういうお店が近くにあまりないんですか？

おかんさん：いっぱいあるんですよ。いつも「行きたい！」って言われるんですけどね、あんまり行かないんですよね。

おとんさん：味がどうこうということよりも、材料があまり体によくないものを使っていることが多いので行かないんです。僕自身、高校生や大学生の頃には、そういうファストフードのお店に行ったりもしましたが、『スーパーサイズ・ミー』という映画を観て大きな影響を受けてしまっているのかもしれませんが、それ以来あまり子どもには食べさせたくないなと思いました。

――もしハンバーガーを食べるとしたらファストフードチェーンよりも、街のレストランとかダイナーなどで食べるんですか?

おかんさん：そうですね。あまり添加物を使っていないようなところで食べるようにしています。

――お母さんやお父さんが作るごはんで好きなものはなんですか?

れん：お母さんが作るものだったら、インスタントラーメンが好きなんですが、それだとお母さんが作ったものとは言えないので（笑）、お母さんが作るものの中ではトンカツが好きです。お父さんが作ったものの中では、ちょっぴり焦げた餃子が好きでした。

おとんさん：そんなの作ったか?

れん：お母さんが手術か何かでいなかったときに、「あーーー!!」とか言って焦がしていたときのもの。最初はやばいかもって思ったけれど、お父さんの作ったものの中では結構美味しかったです。

おとんさん：ただ作りながら慌てている姿を見たかっただけで、味は関係ないんじゃないの?

れん：いや、意外と美味しかったのは覚えてます。

――それはおとんさんが餃子の種を作って包むことからしたんですか？

おとんさん：確か、おかんさんが親知らずを抜くような手術を受けることになって、冷凍のチャーハンと餃子を用意してくれたので、焼くだけだったんです。すごく簡単に作れるようにと用意してくれて、袋に書いてある通りに焼けばいいだけだったのですが、焦がしてしまったんですね。

――最初にれんちゃんがあげたのがおかんさんのインスタントラーメンで、その後がおとんさんの冷凍餃子というのがいいですね。

おかんさん：インスタントラーメンで終わりじゃなくて、ちゃんとその後にトンカツとフォローを入れてくれて良かったです。インスタントラーメンじゃ、ちょっとね。でも料理もそうですが、手抜きも大切だと思います。それで家族が美味しいって言っ

【味覚への挑戦】アメリカで姉妹が１０種類のガムを当てる？！味音痴は誰だ？！ Chewing Game | Gum Tasting in Lockdown | #trident #orbit #海外生活

てくれるのなら、あるものを使ってラクをしながら、親がしんどくならないようにすることも大切だと思います。

最近ハマっているのは大きなボードに絵を描くこと

――れんちゃんは、おとんさんやおかんさんから「こうしなさい、ああしなさい」と言われることはありますか?

れん:あまりないですが、小さい頃にお母さんに黙って、持って行ったお弁当を食べないで、学校のカフェテリアで給食を食べていたことがあって、そのときに怒られたことがありました。1カ月過ぎた頃にカフェテリアの請求書が家に送られてきて、お母さんが驚いていました。「もしかして給食食べてる?」って。

おかんさん:そういえばそんなこともありました。アメリカの学校は、カフェテリアで給食を買って食べる子もいれば、お弁当を持っていく子もいて、どちらでも好きな方を選んでいいんですが、勝手にどんどん食べていて（笑）。あとで請求書が届くという事態になりました。

――なぜ、お弁当を食べないで給食を食べていたんですか？

れん：小さい頃だったのであまり覚えていないんですが、周りの子たちが食べているのが美味しそうだったから憧れていたんだと思います。

――最近、れんちゃんがハマっていることはありますか？

れん：最近は絵を描く時間を作るようにしていて、好きな漫画の絵を描いています。最近描いたのは、『ワンピース』の「トラファルガー・ロー」。部屋にあるクリアボードに描いているんですが、はりちゃんも絵を描くのが好きなので、私が描いていると「ここ変じゃない？」とツッコミを入れてくることがあります。お母さんも言ってくるので、言われると少しずつ描き直したりしています。

――漫画も描けますか？

れん：友達にも「漫画を描けるんじゃない？」と言われるんですが、ストーリーやセリフを考えないといけないから、それは大変だなと思います。最近は、物語と絵で作者が異なる作品があったり、ＡＩがストーリーを考えてくれたりもすると聞きましたが、絵をいくつも描かないといけないのは無理です（笑）。部屋にあるクリアボードに描くくらいで十分だと思います。

――「トラファルガー・ロー」を描くのにどれくらいの時間がかかったんですか?

れん：学校から帰ってきて描いたりして、4、5日くらいかかりました。時々ノートにも描くんですが、友達にも描いてって言われて描くと喜ばれます。でも自分の好きなキャラクターでないとやる気が出ないんです。

――『ワンピース』以外に好きな漫画はありますか?

れん：この間日本からアメリカに帰ってくるときに、『鬼滅の刃』の漫画を買ってもらって読んだんですが、やっぱり『ワンピース』に勝てるものはありません。『ワンピース』が一番です。はりちゃんは『鬼滅の刃』が好きみたいです。作品を観るときにアニメから観る方が理解がしやすいんですが、読解力があまりないので漫画から読むと状況がわかりにくいときがあって。『鬼滅の刃』は漫画を先に読んだので、雰囲気や状況がわからないときがあるんです。だから『ワンピース』の方がわかりやすいなと思います。

――『鬼滅の刃』はアニメも観ましたか？

れん：最近ちょこちょこ観ているんですけど、友達に「アニメを観るのはちょっと避けた方がいいよ」と言われているんです。アニメだとリアルなところがあって、大人でも悪夢を見る人もいるっていう話を聞いたので、あまり観ない方がいいのかなと思っています。昔、『名探偵コナン』のあるエピソードで怖いものがあって夜眠れなくなってしまったことがあって、その時期はコナンを観るのが嫌になったことがありました。

おとんさん：でもさ、殺人事件の話なんだから、ある程度怖いっていうのが事前にわかるでしょう。どうして観るの？

れん：お母さんとはりちゃんは怖いものが平気なので、2人がテレビで観ていたんですが、お父さんはあまりそういうのを観たがらないので「避けた方がいいよ」って言うんです（笑）。でも、家で誰かがテレビで観ていると、自分が他のことをしていてもそっちが気になってしまって、どんな怖いものでも結局観ちゃうんですよね。

ルールを破りたくないから SNSはまだ始めなくていい

――家にゲーム機器はありますか?

れん:ニンテンドースイッチはあるけど、プレイステーションは持っていません。

――ゲームはあまり与えないようにというルールなどがあるんですか?

れん:私たちがゲームにあまり興味を持っていないだけで、お父さんやお母さんがあまり与えないようにしているわけではありません。YouTubeに出てくる広告とかを観ると、戦うようなゲームばかりが出てくるんですが、そういうものに興味がないんですよね。

おとんさん:広告って本来、その子の趣味嗜好などを分析して狙ったものが出されるはずなのに、うちの子どもたちはそうした広告を観ても全く刺さっていなくて、ある意味いいですよね。

おかんさん:今の子どもたちって、そんなに綺麗なグラフィックのゲームよりも、スマホの画像が粗いゲームの方を好んでやっていますよね。綺麗な画面を求めているというよりも、オンラインで友達と繋がっていることの方が重要な気がします。

れん：私はゲームよりもYouTubeで動画を観るのが好きなんですが、はりちゃんは最近、「ロブロックス」にハマっていて、私も何度も何度も誘われるんですけど、あんまりハマっていません。

おかんさん：今、子どもたちの間で「ロブロックス」がすごく人気で、現実世界で会うんじゃなくてバーチャルの世界で会うんですよね。友達とはメールアドレスの交換じゃなくて、「ロブロックス」のアカウントを交換するんです。すごい時代ですよね。アバター同士が集まっていろんなことをしているんですけど、はりが好きなんです。

おとんさん：世界で最初のメタバースと言われた「セカンドライフ」のような感じです。

【ゲーム中は何語で喋る？】バイリンガル姉妹の無意識の言語切り替えが興味深い｜Bilingual Sisters What Do They Say When Playing Video Games.

自分に見立てたアバターを作って、仮想空間に自分がいるような感じでアバターを動かし、友達がログインするとその仮想空間に友達も現れてくるといったイメージです。

――わかりやすいですね。子どもたちがハマっているゲームも時代によって変化しているんですね。

おとんさん：あと、これはおかんさんの考えなんですが、ゲームをやらせるのではなく作らせる時代になっているので、はりにはプログラミングやコーディングなどを早い時期にやらせて、やりたいと思っているようなゲームを自分で作ったらいいのにと思っています。

おかんさん：そう思っていたときもあったんですが、最近はＡＩも出てきましたし、もうコーディングも下火かなと思っています。

――さまざまなものができている中で、いずれ、れんちゃんは大人になっていくと思いますが、れんちゃん自身がYouTubeやそれ以外のSNSなどを使って情報を発信していくのはいつ頃から始めようと思っていますか？

れん：お母さんもお父さんもソーシャルメディアには少し厳しいところがあるんです。例えばＴｉｋＴｏｋは対象年齢が13歳以上なので、少なくとも13歳になるまではやらないでおこうと思っています。怒られるのが苦手なので。おかんさんは怒られても全然大丈夫なタイプなんですが（笑）、私は怒られるとめっちゃ気分が凹んでしまうタイプです。

――みんな怒られたくないから大丈夫ですよ。

れん：まだSNS自体にもあまり興味を持っていないから、始めたくなるまではやらないと思います。

おとんさん：れんの場合は、ソーシャルメディアのルールや規則を破るといった心配はしておらず、むしろそれをきっかけにいじめられたり、変なことを言われてしまうのが心配です。ネガティブな発言やコメントがあったときに、それがきっかけで落ち込んでしまうのは親としては嫌ですからね。ですので、そういう意味で使い始める時期を考えようねとは言っています。れんは精神的にも成長しているし、13歳で始めても大丈夫だと思いますが、だからといって、てらが大丈夫かどうかはまた別の問題です。彼がれんと同じように成長するかどうかはわかりませんし、れんよりももっと精神的に大人に成長するかもしれません。なので、一律に13歳だから始めるのではなく、姉弟であってもその子の成長に合わせて判断していこうと思っています。

おかんさん：そういったことをあまり話し合わない夫婦なので、子どものSNS使用についての考えを初めて聞きましたが、私もそう思います。

おとんさん：子育てについての検討会議や相談などをしない夫婦なので、行き当たりばったりですが（笑）。SNSを始める年齢にしてもそうですが、きょうだいでみんな統一した方が「ずるい！」と言われないと思うんです。でもやはり子どもによっても成長速度も性格も違いますから、そこは一律にしなくていいのではないかと思っています。

――なるほど。最後に、おかんさんが「YouTubeチャンネルの登録者数を20万人にするのが目標」と言っていましたが、れんちゃんはどんなことをして20万人を目指していきたいですか？

れん：やっぱり、クイズやトリビアで視聴者さんに答えてもらったり、面白いゲームで視聴者さんにも参加してもらったりして、視聴者さん参加型の企画ができたらいいなと思います。どんな人でも参加したくなるような面白い企画ができれば、登録者数も増えていくような気がしています。だから、視聴者さんが参加できる企画をやって、登録者20万人を達成していきたいと思っています。

れん＆はりが

COLUMN

視聴者さんの質問に答えます！

— PART 4 —

Q

一番のお気に入り動画ベスト3を教えてください。

Wren's Best 3

1

アメリカで
姉妹が
ガムを当てる

【味覚への挑戦】アメリカで姉妹が10種類のガムを当てる？！味音痴は誰だ？！ Chewing Game | Gum Tasting in Lockdown | #trident #orbit # 海外生活

2

2022年
朝昼夜
外食ブイログ

【初めて行く日本の人気チェーン店へ】3食外食の日に密着 | Eating at Chain Restaurants in Japan for All Three Meals. | バイリンガル家庭

3

アメリカ生まれだが
日本食が大好き長女

【日本滞在記】アメリカ生まれだが日本食が大好きな長女、好きなものいっぱい紹介 | 夕食は特別にまたケーキを頂きます |

Hallie's Best 3

1

クリスマスの
おかし作り。

【スイーツ作り】初心者が挑む超難関スポンジケーキ作り｜
レシピ通りにしないと失敗するのか？！｜
First-time bakers take a crack at making sponge cake

2

だれだ その
コスチューム
きらいなのは。

【アメリカ・ハロウィン当日】誰だ？そのコスチュームが嫌いなのは？
｜ソーシャルディスタンス菓子渡し｜Halloween during the Pandemic｜
Trick-or-treat｜バイリンガル

3

日本のカップの
サイズは
アメリカにはない
(バスキン ロビンス)

【円安で衝撃の価格差】日本のカップのサイズはアメリカには無い？！｜
5人家族、日本とアメリカでサーティワン♪｜Comparing Experiences at
Baskin Robbins

おわりに

ここまで、私たちの子育てや日常を読んでいただきありがとうございました。読んでみていかがでしたか？

この本を作るにあたり、自分の過去を思い出す作業をたくさんしましたが、そのときに改めて気づいたことは、私は自分の過去にあまり興味がないということ（笑）。そのため、ほぼ忘れてしまっていた過去の自分の出来事を懸命に思い出していきました。おとんさんは記憶力がよく、彼と出会ってからの出来事はおとんさんに思い出してもらいました。2人で過去のことを思い出す作業は、ある意味新鮮で楽しい時間でもありました。3人も子どもがいると、毎日忙しい日々なので思い出話をする機会も減っていますが、改めて2人の出会いや結婚のことなど昔の出来事を思い出しながら話す貴重な時間ができて、とても嬉しかったです（とくに私にとっては忘れていた過去を思い出せる貴重な時間でした）。

長女と次女は、視聴者さんからいただいた質問に、一生懸命日本語で答えていました。初めは乗り気ではなかったはりでしたが、後半には鉛筆がスラスラと進んでいたのが印象的でした。

おとんさんはとても優しい人ですが、国際結婚で抱く外国人夫のイメージや、ステレオタイプのような人ではありません。というのも、彼は基本的に私をお姫様のようには扱いません（おかんさんがそのような扱いをされるのが苦手なタイプでもあります）。どちらかといえば、私のことを自立した一人のパートナーとして見てくれているように思います。私には、この関係が心地よいのだと改めて気づきました。

子育て同様、夫婦関係もさまざま。私たちは、ケンカをしながらお互いの関係を軌道修正し、今の私とおとんさんの関係を築いてきたのだと思います。そして一番に、お互いの国を大切にしながら……。

YouTubeを始めた当初は、素敵な家族、素敵な海外生活を発信していきたい！　そんなことを想像していましたが、理想はすぐに吹っ飛び、動画に映っていたのはハチャメチャな家族、子どもたちの様子でした。最初に夢見た優雅なファミリー動画というものは瞬時に消え去りましたが、そのかわり

にカメラに映っていた子どもたちの姿はとても生き生きとしていました。私が勝手に作り上げていた理想の子どもたちではありませんでしたが、彼らが動画の中で自由に表現している姿を見て、「これがいい！」と思うようになりました。

子育ては長丁場で向き合うものですし、上手くいかないことの方が多いです。だからといって自分にとって都合がよく、扱いやすいように子どもをコントロールするのは違うと思います。子どもの言動、ケンカ、私の態度など、WHTチャンネルにもカットして消したい瞬間はいくつもありますが、「ネガティブな部分はポジティブな部分に光を当てることもできる」と視点を変えながら編集するようにしています。いつかはこんなハチャメチャな瞬間が、とてもいい時間だったと思えるように。

子育ては嫌でもいつか終わりがやってきます。日々の他愛のない時間を大切に、忘れられない時間になるように一瞬一瞬を切り取りながら、これからも動画を発信していきたいです。

そして、この本を読んでくださった皆さんも、ありふれた日々を大切に。今日も子育てをしながら、忘れられない大切な瞬間がたくさんあふれていますように。

WHTチャンネル・おかんさん

WHTチャンネル

YouTube @whtchannel

Instagram @whtchannel

X @ChannelWht

アメリカ在住《ざいじゅう》3児《じ》ママの気張《きば》らない子育《こそだ》て法《ほう》

子育《こそだ》てに正解《せいかい》はない！
家族《かぞく》が笑顔《えがお》になる子育《こそだ》て

2025年1月30日　初版発行

著　者　WHT《ワット》チャンネル
発行者　山下 直久
発　行　株式会社KADOKAWA
〒102-8177　東京都千代田区富士見2-13-3
電話0570-002-301（ナビダイヤル）
印刷所　TOPPANクロレ株式会社
製本所　TOPPANクロレ株式会社

●お問い合わせ
https://www.kadokawa.co.jp/（「お問い合わせ」へお進みください）
※内容によっては、お答えできない場合があります。
※サポートは日本国内のみとさせていただきます。
※Japanese text only

定価はカバーに表示してあります。

Printed in Japan
ISBN 978-4-04-607379-2　C0037